예민해도
괜찮아

예민해도 괜찮아

이은의 지음

불쾌한 터치와
막말에 분노하는
당신을 위한
따뜻한 직설

북스코프

PROLOGUE

지나치게

예민한 거

아니냐고?

변호사 시험에 합격하고 실무 수습을 마치자마자 '이은의 법률사무소'라는 이름으로 개업했다. 개업을 하고 나서도 내가 돌아왔다고 세상에 알리기까지는 몇 달의 시간이 걸렸다. 그런데 그 몇 달이 흐르기도 전에 내가 변호사가 된 것을 용케 알고 찾아준 의뢰인들이 몇 있다. 대개는 내가 로스쿨을 다니는 동안 아직 변호사가 되지도 않은 나에게 직장 내 성희롱 상담을 해왔던 이들이다.

그들은 내 사무실에 찾아와 이제라도 가해자와 회사를 상대로 민사소송이나마 진행해보면 어떨지를 의논했다. 개중에 일부는 소송을 결정했고 일부는 포기했다. 감사하게도, 그들 대부분은 어떤 결정을 하든 관계없이 내가 지금까지 걸어온 여정에 관심을 보였고 현재의 결과를 치켜세워주었다. 더러는 부럽다고 말하는 이도 있었다. 싸움을 포기하거나 싸움을 이제 막 시작하려는 그들에게 나는, 최선의 선택을 함으로써 괜찮은 종착역에 도착한 선구자(?)처럼 보이기도 하는 것 같았다.

늘 현명한 선택을 했던 것 같진 않다

나는 학력고사 마지막 세대다. 담임 선생님은 무슨 학과가 됐든 일단 서울대에 원서를 내라고 하셨지만 나는 끝내 다른 사립 대학교에 지원했다. 정치외교학과를 가고 싶었는데, 불행하게도 선생님이 권하는 대학과 내가 관심 있는 전공을 접목하기엔 성적이 부족했다. 선생님을 비롯한 어른들은 전공은 중요하지 않다고 했다. 어른들은 열아홉 살의 나에게 한국에선 학벌이 중요한데 그 학벌에 전공은 포함되지 않는다고 입을 모았다. 안락하게 살기는 진즉 글러먹었는지, 원칙과 정도를 가르치던 어른들 모두가 정작 대학 선택에 임박해서는 전혀 딴소리를 하니 그 말을 듣기가 싫었다.

그런데 고집이 세긴 했지만 사실 난 소심한 아이였다. 정작 시험 전날엔 긴장이 돼서 한숨도 자지 못했다. 그러니 시험을 잘 봤을 턱이 있겠는가. 대입 시험을 말아먹고 1차로 지망한 대학에 떨어졌다. 어떻게 알았는지 J학원을 비롯한 유명 재수학원에서 연락이 왔다. 1년 내내 장학금을 줄 테니 등록하라는 것이었다. 하지만 나는 재수 대신 후기대 전형을 선택했다.

수학과 과학은 제법 잘했지만 국어와 영어에는 재능도 흥미도 없었던지라, 외국어 학과에 지망할 생각은 해본 적이 없었다. 그러나 마지막 학력고사가 치러진 그해 후기대 전형에서 선택지는 많지 않았다. 뭐에 씐 듯 한 번도 염두에 두지 않았던 학교와 학과에 지원했고, 합격했다. 스무 살의 나는 내가 뭘 공부하고 싶은 건지 알지 못했다. 내 눈에는 재수생 아니면 대학생이라는 선택지만 보였다. 대학생이 되고 싶은지 어떤지는 잘 몰랐지만 재수생이 되기는 싫었다. 그렇게 내 스무 살의 첫 선택은 대학생이 되는 것이었고, 그 선택으로 나는 한국외국어대학교 포르투갈어과 93학번 이은의가 되었다.

그 후 졸업을 할 때까지 일상은 크고 작은 선택들의 연속이었다. 하지만 정작 뭐가 되고 싶다거나 어떤 회사에 들어가고 싶다는 진로 고민은 미처 하지 못했다. 4학년 때 IMF 한파가 닥치면서 취업길이 막히는 듯 보였다. 취업 준비생은 물론이고 부모나 지인들도 다들 위축되어 눈높이를 낮추기 바빴다. 조금이라도 쉽게 입사할 수 있는 중소형 회사로 몰려간 것이다. 그런데 나는 무슨 배짱이었는지 그 대열에 합류하지 않고 연말에 닥쳐 삼성 공채 시험을 봤다. 그리고 거짓말처럼 합격했다. 목적이 뚜렷하진 않았을지라도 삼성 입사 역시 내가 한 수많은 선택 중 하나였다.

실질적으로 제법 선택다운 선택을 해야 하는 상황은 사회에 나오면서 본격적으로 이어졌다. 소심했던 스무 살의 아이는 대학을 졸업할 무렵엔 꽤 엉뚱한 준어른이 되어 있었다. 좁디좁은 문을 비집고 소위 '삼성맨'이 되었으니 대세에 묻어가며 조용히 살면 평탄할 텐데, 그게 쉽지 않았다.

입사하고 1년이 지나기 전에 자동차산업 빅딜이 있었고 회사는 파업에 들어갔다. 무노조 경영으로 유명한 회사의 파업 한복판에서 나는 빨간 머리띠를 두르고 문화선전대로 나섰다. 직장생활 초기부터 소위 문제 사원이 되는 지름길을 선택한 셈이다. 사실 그건 뭘 알고 비장하게 한 선택이 아니었다. 파업은 긴박했고, 하늘같았던 직장 선배들은 정작 경험 없는 파업에 당황해서 우왕좌왕했다. 누구라도 나서서 자신이 할 수 있는 것을 해야 하는 상황이었다. 마침 나는 민중가요를 알고 있었고, 대학 때 문선대를 해본 짧은 경험이 있었다. 그래서 했고, 이후 뜻밖에 '빨간 낙점'을 받은 신입사원이 되었다. 하지만 설령 그러한 후유증이 있으리라는 걸 알았다고 해도 다른 길을 갔을 것 같지는 않으니 나의 선택이었음엔 틀림이 없다.

이후에도 나는 '가마니녀', 즉 '가만히 있는 여자'가 되지 못했다. 엉뚱한 신입사원이었던 나는 제법 스펙터클한 입문 과정을 거치면서 하고 싶은 이야기는 꼭 하고, 궁금한 건 짚고 넘어가는 직선적인 어른이 되었다. 회사는, 특히 당시 삼성은 대부분의 여직원이 남자들 중심의 조직에서 가만히 웅크린 채

그러려니 순응하고 묻어가는 곳이었다. 거기서 '왜냐'를 남발하며 남들 쓰지 않는 보건휴가를 쓰고, 여직원이니 좀 방정하라는 요구에 "뭐라굽쇼?"라 대꾸하고, 비합리적인 처우들에 이유를 물었다. 그랬더니 금세 '시끄러운 년'에 등극하고 말았다. 실상 별로 시끄럽게 하지도 못했는데.

그리고 마침내는 내 인생을 이곳으로 이끈 아주 큰 선택을 하게 됐다. 부서장의 직장 내 성희롱을 조사하고 처벌하라고 회사에 요구한 것이다. 더 많이 만짐을 당하는 여직원들도 가만히 있는데 제일 덜 만져지는 혜택(?)을 누리던 내가 말이다. 그 일로 나는 이런저런 불이익을 받았다. 그때 아주 잠깐은 회사를 그저 조용히 다니지 못한 자신을 책하기도 했다. 하지만 나는 부당한 처우의 진원지를 정조준해 싸움을 시작하는 길을 선택했다.

이런 선택 후에 미친 듯이 노력했다. 그 기간이 꼬빡 만 4년이었는데, 나는 학교와 회사에서 배우고 익힌 역량을 총동원해서 스스로 법무팀이 되고 홍보팀이 되고 업무팀이 됐다. 회사에 계속 다니면서 법적 다툼을 했고, 언론사에 보낼 보도자료를 직접 만들었으며, 필요할 땐 실명과 얼굴을 공개하며 인터뷰에도 응했다. 살아오는 동안 어느 때보다 많은 사람을 만나 교류하며 조언을 구했다. 힘의 불균형을 극복하고 스스로를 방어하기 위해 블로그를 운영하고, TV 등 매체의 각종 토론 프로그램에 논객이나 시민 토론단으로 참여했다.

다행히 벌여온 각종 법적 다툼에서 이겼고, 세상을 향해 나의 선택이 문제가 아니라 내게 그런 선택을 하게끔 한 구조가 문제였다고 원 없이 얘기할 기회도 얻을 수 있었다. 그 끝에 로스쿨 진학을 선택했고, 진학과 동시에 그간의 기록을 담은 책 『삼성을 살다』를 썼다. 그러고는 잠시 세상을 잊고 공부만 했다. 그렇게 변호사가 됐고, 내가 다시 세상에 돌아왔다는 사실이 조금씩 알려졌다. 덕분에 풋내기 변호사치곤 찾아주는 이 많은 변호사로 살고 있다.

선택보다 중요한 선택 이후

카페에 앉아 친구와 이런 이야기를 나누던 끝에 나는 지금 참 행복하다고 말했다. 그 말에 친구는 내가 최선의 선택을 할 줄 아는 사람이라고, 지금 행복한 건 그 귀결이라며 치켜세워주었다. 하지만 아니다. 성인이 된 이후 지금까지의 삶을 돌아볼 때 그 궤적 안에는 이처럼 크고 작은 선택이 존재했다. 정말 내가 한 선택들이 모두 최선의 것이었을까? 지난날을 돌아보며 지금 잘 살고 있다고 느끼는 건, 그리고 스스로 제법 괜찮게 살고 있다고 뿌듯해하는 건 매 순간 최선의 선택을 했기 때문이 아니다. 선택 이후 결과가 나쁘지 않았기 때문이다.

선택 자체보다 선택까지의 과정과 그 이후가 중요하다. 나는 또래 친구들과 비교해서 뛰어나게 영특하거나 현명하다고 할 수 없는 평범한 사람이다. 하지만 선택을 해야 할 때마다 나 자신을 들여다보며 내가 중요하게 생각하는 것이 무엇인가를 진지하게 물었다. 그리고 그 질문에 가장 정직한 대답을 찾기 위해 노력했다. 그렇게 해서 내가 원하는 것을 선택했기 때문에 결과도 기꺼이 감수할 수 있었다. 그런 고민과 노력의 시간은 막막했던 선택을 반짝반짝 빛이 나는 결과로 이어주었다.

살다 보면 미처 준비되거나 생각해보지 않은 일들에 맞닥뜨리게 된다. 큰일이든 작은 일이든, 그 앞에서 선택을 해야 하는 이들에게 말해주고 싶다. 정작 힘을 실어야 하는 건 무엇이 최선인지를 판단하는 일이 아니라고. 자신이 원하는 것이 무엇인지 자기 마음을 똑바로 들여다보고, 그렇게 내린 선택이 최선이 되도록 최대한 노력하는 일이라고.

행복하게 살아남아 변호사가 되기까지

성폭력 피해나 성차별을 겪고 나서 이를 신고하거나 문제제기를 한 후에도 무사히(?) 사회 안에서 살아가는 피해자들을 여성계에서는 '생존자'라고 부른다. 그런 시각에서 보자면 나는 성폭력에 대한 커밍아웃과 싸움을 끝내고 제법 여유롭게 자리 잡은 생존자로 보일 수도 있다. 그런데 생존자가 되기 위해서 최선의 선택이 무엇인지, 또 생존자가 되기 위해 커밍아웃하고 법적 다툼을 하는 것이 반드시 필요한 일인지는 부차적인 문제다. 아니, 정확히 말하자면 어떻게 생존자가 되는가보다 살아남은 그 자신이 정말로 행복한가가 중요하다.

내가 대학을 졸업하던 무렵에는 회사 안의 종족(?)이 직원, 여직원, 대졸 여사원으로 나뉜다는 우스갯소리가 있었을 정도로, 대졸 여사원이 몇 명 안 되는 희귀종이었다. 나 역시 입사한 해에 삼성전기 자동차부품으로 배치받은 20명의 석사·학사 동기들 중에 유일한 여자였고, 100명에 육박하는 영업 부서 직원 중 유일하게 서무 보는 여직원이 아닌 여자사람이었다.

전공이 포르투갈어였던 덕분에 남미 지역을 전담하는 담당자가 됐다. 그 지역을 담당하려면 독립된 외인구단처럼 홀로 일해야 했는데, 고분고분하지 않은 내 성격이 긍정적으로 작용했다. 고분고분하지 않다는 것이 사교적이지 않다는 것과는 별개의 문제여서, 국내외 파트너들이나 동료들과 전방위적으로 소통하는 재능은 있었다. 전략을 짜고 판을 세팅해서 사람을 움직여 목적을 완성해가는 일이 좋았다. 한겨울의 서울을 떠나 상파울루의 작열하는 태양과 남반구의 쏟아질 듯한 별을 즐겼다. 이런 성향 덕에 꽤 쏠쏠한 성과들이 이어졌고, 거기에 희귀성이 주는 약간의 프리미엄이 더해지면서 회사 안에서 손에 꼽는 '선수'가 됐다.

제법 잘나가는 해외영업 선수로 살다가 하루아침에 회사와의 전투를 선택하기란 쉬운 일이 아니었다. 하지만 선택 당시 예상했든 예상하지 못했든 이후의 상황을 타개해나가는 과정에서 나는 늘 다짐했다. 스스로 선택한 싸움 때문에 내가 불행해지면 안 된다고. 불행해지지 않으려면 이겨야 한다고. 그래서 이기려고 최선을 다했다.

인생에 좋지 않은 일이 생길 때 사람은 자책에 빠지기 쉽다. 직장 내 성희롱을 비롯한 성폭행 사건들처럼 자존감을 해치는 일들은 특히 그렇다. 그런데 한발 물러서서 바라보면 이런 일들은 인생을 살면서 발생할 수 있는 수많은 피해 중 하나일 뿐이다. 다만 세상의 고정관념이나 편견이 자책감을 부채질한다는 게 문제다. 그래서 나는 내가 원하는 것을 나에게 마련해주려고 노력했다. 그 과정에서 내가 잘하거나 좋아하는 일이 무엇인지 알게 됐다.

예컨대 교통사고처럼 예상했든 예상하지 못했든 일어나는 안 좋은 일이 사고라면, 사건은 기억에 계속 남을 만한 유의미한 에피소드다. 사고 자체는 상처를 남기지만 사건은 나름의 재미와 교훈을 남긴다. 나는 내게 발생한 사고가 내 인생에서 사고가 아닌 사건이 되기를 바랐고, 그러기 위해 했던 나의 선택이 내 인생의 공백이 아니라 경험과 경력이 되기를 바랐다. 또한 이를 통해 나에게도 좋고 남에게도 유익한 그다음 무대로 나아가기를 원했다. 그래야 행복해질 수 있을 것 같았다. 오랜 싸움 기간 동안 내가 행복해지려면 어떻게 해야 할까 고민한 결과, 로스쿨 진학을 결정했다.

법학을 전공하지 않은 이른바 '비법 전공자'의 법학 공부가 쉬울 리 없었고, 서른여덟에 진학한 만학도의 생활이 늘 유쾌 발랄할 리 만무했다. 현실은 드라마와 다르니 말이다. 하지만 로스쿨 합격 소식, 입학 즈음의 캠퍼스, 공부를 시작하면서 느껴지던 희열, 방학이 올 때마다 느껴지던 다독임, 뭔가를 조금씩 더 알아가던 날들에 커져가던 사회로의 열망… 속에서 나는 종종 행복했다. 그렇게 변호사 시험을 치르고 사회에 복귀했고, 사람들은 나를 생존자라 불렀지만 나는 그저 조금 더 행복해졌을 뿐이다. 나를 무엇으로 부르든 좋았다.

개업 변호사가 된 것은 고작 1년인데, 그간 직장 내 성희롱 사건을 포함해 직간접적 성폭행 관련 사건이나 갑을 소송을 여럿 진행했다. 그 1년 동안 내 사무실 풍경에서 한 가지 달라진 점이 있다. 상담 테이블에는 늘 티슈가 비치돼 있고, 사무실에 꽃과 화분이 잔뜩 들어차 있다는 것이다. 찾아와 우는 사람들이 많은 까닭이고, 스트레스가 많은 의뢰인은 물론 변호사인 나 자신에게도 조금이나마 힐링이 필요하다는 발상에서였다.

아픈 이야기를 듣고, 그 이야기를 반복해서 생각하고 정리해 서면을 구성하고, 제법 긴 시간 수사기관이나 법정에서 다투는 일은 막연히 생각할 때와 달리 정신노동의 강도가 상당히 높은 일이었다. 어쩌다 내가 이런 고충을 털어놓으면 지인들은 그러면 덜 행복해졌느냐고 묻기도 한다. 아니, 그렇지 않다. 종종 의뢰인들과 함께 이고 지게 된 우울과 화증, 풀어야만 하는 엉킨 실타래 때문에 등이 휘청이기도 하고 외롭기도 하다. 하지만 그보다는 보람이나 뿌듯함이 훨씬 크다.

이 책에 담긴 이야기가 그것이다. 힘겹고 외롭지만 그만둘 수 없는 싸움이기에, 용기를 내서 싸우도록 함께 웃고 울어주는 사람이 있다는 이야기를 하고 싶었다.

차례

PROLOGUE
지나치게 예민한 거 아니냐고? • 04

PART I 성희롱 따위, 인생에서 없으면 좋겠지만

TALK 1
기억하기 싫은 순간이라도 지워버려선 안 돼 • 20

TALK 2
혼자 끙끙 앓지 말고 내 편을 잘 고르자 • 32

TALK 3
자책은 피해자의 몫이 아니다 • 42

TALK 4
정면돌파를 택했다면 눈 크게 뜨고 가는 거다 • 56

PART II 여자들을 오락가락하게 하는 것들

TALK 5
성희롱인 듯 아닌 듯 불쾌한 터치 • 66

TALK 6
유부남 직장 상사가 나를 사랑한다고 말한다면 • 76

TALK 7
데이트폭력은 없다, 그냥 폭력이 있을 뿐 • 86

TALK 8
사랑한다는 이유로 그가 원하는 걸 다 들어줘야 할까? • 98

TALK 9
연애가 끝난 뒤 스멀스멀 피어오르는 데이트성폭력의 의혹 • 104

PART III 남녀평등 사회 좋아하시네

TALK 10
일상화된 차별을 거부할 감수성을 키워야 한다 • 118

TALK 11
변호사가 되어도 여자는 남자보다 불리하더라 • 128

TALK 12
여성 변호사는 성희롱에서 과연 자유로울까? • 138

TALK 13
여성을 향한 혐오의 시선들 • 152

TALK 14
법원의 판결이 피해자를 두 번 울린다 • 162

TALK 15
직장 내 성희롱 예방 교육은 무뎌진 감성을 깨우는 기회 • 170

TALK 16
여성가족부는 누구를 위한 곳일까? • 182

PART IV 예민한 언니의 쓴소리

TALK 17
마녀가 어때서? • 196

TALK 18
연애, 결혼, 학교, 직장을 나 스스로 결정하고 있나 • 208

TALK 19
이 남자가 나를 부양해줄 것이라는 위험한 상상 • 218

TALK 20
여자도 때론 허세가 필요하다 • 226

TALK 21
살벌한 갑을관계에서 여자들이 살아남는 법 • 238

EPILOGUE
피해자 편에 서는 변호사로 산다는 것 • 252

PART 1

성희롱 따위,

인생에서

없으면 좋겠지만

TALK 1

> 기억하기
> 싫은
> 순간이라도
> 지워버려선
> 안 돼

;　회식 후 만취 상태에서 직장 상사로부터 준강간을 당한 피해자가 있었다. 강간은 폭행 또는 협박으로 피해자의 의사에 반하여 간음하는 것을 의미하며, 준강간은 만취나 약물 복용 등과 같은 사유로 저항력을 잃은 피해자를 간음하는 것을 의미한다. 사건이 일어난 후 피해자는 엄청나게 당황했고 꽤 긴 시간 동안 고민했다.

피해자는 집안 형편 때문에 사회생활을 먼저 시작했다가 늦깎이 대학생이 되었고, 뒤늦게 진학한 만큼 남보다 열심히 공부한 사람이었다. 그 결과 취업난과 청년실업이 당연한 것인 양 여겨지는 사회적 상황을 극복하고 취업에도 성공했다. 어렵게 문을 열고 들어간 조직이니만큼 그 안에서 잘 지내고 싶은 마음이 드는 게 당연했다. 피해자는 일도 열심히 하고 회식 같은 일과 후 사람들과 어울리는 자리에도 충실하려고 노력했다. 그러던 중 사건이 일어난 것이다.

다음 날 눈을 떴을 때는 자신의 방에 혼자 누워 있었지만 준강간을 당한 흔적이 여실히 남아 있었다. 피해자는 어렴풋이 전날 자신을 데려다주었으리라 여겨지는 부서장의 얼굴을 떠올렸다. 전날의 기억이 확실하지 않았기 때문에 부서장에게 잃어버린 소지품의 소재를 묻는 문자를 보냈다. 그는 한껏 친한 척하는 답문을 보내면서 말미에 "어제 일은 없었던 걸로~"라는 문구를 남겼다.

가해자가 누구인지 확실해졌지만 피해자가 할 수 있는 일은 없었다. 피해자에게는 결혼을 약속한 연인이 있었고 평화롭게 유지하고 싶은 직장이 있었다. 피해자 입장에서는 올바른 선택이냐보다는 가장 후폭풍이 적은 선택이냐가 중요했다. 피해자는 이루 말할 수 없이 참담했지만 일단은 일을 덮기로 했다.

그리고 아무 내색 없이 출근했다. 그날도, 그다음 날도, 그 후의 날들도.

자기만 눈 질끈 감고 모른 척하면 없었던 일이 될 거라고 생각했지만 현실은 녹록하지 않았다. 가해자가 피해자에게 저녁이나 주말에 뭘 할 건지 집요할 정도로 물어왔던 것이다. 피해자가 덮어버렸던 준강간 사건을 넌지시 수면 위로 끌어올리는 발언을 하기도 했다. 피해자가 정색을 하며 그러지 말라고 요구해도 가해자는 안하무인이었다. 급기야 어느 날인가부터는 회식 자리에서 주변 사람들이 주의를 기울이지 않는 순간에 과감한 수위의 스킨십을 해왔다.

가해자의 뻔뻔한 작태가 더는 참지 못할 수위에 이르렀을 때 비로소 피해자는 고소·고발을 결심했다.

시간이 지날수록
증거는 희미해진다

; 직장 내 성희롱을 포함한 각종 성폭력 사건같이 권력관계를 바탕으로 한 갑질 피해 사건을 많이 다루다 보니 굳이 이 사건이 아니더라도 '업무상 위계에 의한 강간 또는 강제추

행' 사건들을 종종 접하게 된다. 상담 과정에서 피해자 대부분이 눈물을 흘리고, 꽤 많은 이들은 통곡에 가까운 울음을 쏟아낸다. 그래서 나는 상담 테이블에 놓을 티슈를 늘 넉넉히 준비해두고, 울고 나서 얼굴을 정돈할 수 있도록 거울도 갖다놓았다. 을의 지위에 있는 피해자들은 대체로 피해 사실에 침묵하고 있다가 감당하기 어려울 지경이 돼서야 전문가의 도움을 찾는다. 그러니 그들이 변호사를 찾아왔을 때 느끼는 고통은 최초 피해가 일어났을 때보다 훨씬 증폭되어 있게 마련이다.

변호사 일을 시작한 초기에는 피해자들이 한참 울고 간 사무실에 남겨진 먹먹함을, 나 홀로 정리하기가 쉽지 않았다. 피해자를 보호하고 그 앞에 서서 싸워줘야 하는 변호사가 최대한 일을 잘해나가려면 객관적 관점을 견지하는 것 외에도 필요한 게 있다. 피해자만큼이나 감정적으로 휘청이게 하는 스트레스를 조절할 수 있어야 한다. 나 자신이 직장에서 성희롱을 당했고 그 2차 피해를 제대로 겪으며 지난한 법적 다툼을 했던 경험은 피해자 눈높이에서 사건과 아픔을 이해하는 데에만 도움이 된 게 아니다. 변호사로서 잘 싸우기 위한 전략을 짜고 냉정을 유지하는 데에도 도움이 되었다.

조직 내 권력관계와 결부되어 있는 성폭행 사건의 경우, 피해자들은 대부분 바로 신고하지 못하고 일정 기간 고민하는 시간을 거친다. 그렇게 시간이 흐르는 동안 피해자는 점점 더 불리해진다. 아무리 변호사가 피해자를 잘 이해하고 전략을 제대로 짜도, 기가 막히게 운이 좋아 수사관을 잘 만나도 사건 직후에 대처하는 것만큼 수월하진 않다.

성폭행 범죄가 신고로든 고소로든 접수가 되면, 가장 먼저 수사기관이 피해자를 불러 피해 사실에 대한 진술을 받는다. 이 과정에서 종종 등장하는 질문이 이것이다. "신고를 바로 하지 않은 이유가 있나요?" 수사관이 고루하거나 피해자에 대한 선입견을 가지고 있어서 하는 질문이 아니다. 통상 검사가 기소하는 단계에서나 재판 과정에서 쟁점이 되기 때문에 질문하는 것이다(검사가 사건을 기소해야 형사재판이 이루어질 수 있다). 가해자 측에서는 신고를 늦게 했다는 점을 강제성이 없었다는 주장의 근거로 활용하는 일이 흔하다.

신고를 바로 하지 않았다고 해서 범죄가 성립되지 않는 것은 아니지만, 아무리 피해자 중심주의를 따른다 해도 결국 범죄 사실은 피해자가 증명해야만 한다. 그러나 범죄를 신고하고 고소하는 일이 발생 시점에서 멀어질수록 가해자가 자백을 하지 않는 이상 증거는 사라지거나 흐려지게 마련이다. 즉 피해자에게 불리해진다. 신고를 바로 하지 않은 이유를 묻는 수사관도 마음속으로는 그 점을 안타까워할 가능성이 크다. 피해자 곁을 지키고 있는 변호사 마음은 말할 나위도 없다.

이 사건에서도 당시 피해 현장에는 가해자의 체액이 묻은 티슈들이 남겨져 있었다고 한다. 기억도 나지 않는 상황이지만 피해자는 그와 관련된 일체를 지워버리고 싶었을 것이다. 피해자는 티슈를 휴지통에 버리고 나중에는 휴지통을 비운 뒤 방 안을 말끔히 정돈했다. 그리고 출근했다. 사무실에서도 죽을 힘을 다해 아무 일 없는 듯 가해자를 대했다. 따라서 가해자가 이에 대해 인정하지 않는 한, 누군가 강제추행을 목격하여 진술해주지 않는 한, 가해자로부터 받은 억울한 피해를 소명할 길이 없었다.

만약의 경우를 위해
누구나 알아둬야 할 것들

; 성폭력의 범주에는 좁게는 강간이나 추행 등의 신체적인 성폭력 행위도 있지만 언어적 성희롱과 같은 넓은 의미의 성희롱적 행위도 포함된다. 대개는 강간이나 추행 같은 성폭행이 더 많은 피해를 낳지만, 당사자의 상황이나 정도에 따라서는 언어적 성희롱과 같은 행위 역시 적지 않은 피해를 남긴다.

그런데 안타깝게도 성폭력에서 형사법적 처벌의 대상은 강간이나 강제추행 같은 행위들에 국한된다.

형사법적 처벌의 대상이 되는 범주의 성폭행에 대해서는 즉시 신고하고 범행 현장을 보존하는 것이 제일 좋다. 형사법적 처벌의 대상이 되진 않지만 직장 내 성희롱에 해당하는 일이 벌어졌다면 즉시 싫다는 의사를 표시하고 사과를 요구해야 한다. 당사자와 소통해서 해결되지 않는다면 이 역시 회사를 시작으로 순서를 밟아 문제제기를 하는 것이 가장 좋다.

하지만 모두가 언제나 이런 선택을 하기란 쉽지 않다. 당황할수록 내적 갈등이 많을수록 시간은 빨리 지나가게 마련이다. 충격을 받은 상황에서는 합리적인 판단이나 현명한 선택을 하기 힘들다. 즉시 신고를 못 하고 시간을 보내다가 고소를 결심한 피해자들이 어딘가 모자라서 이렇게 반 박자 늦게 행동하는 것이 아니란 이야기다.

바로 신고하지 못했다고 해서 증거 수집이 무조건 불가능해지거나 당한 범죄가 소명되지 않는 것은 아니다. 이런 일을 겪지 않는 게 제일 좋겠지만, 혹시라도 겪게 될 경우를 누구라도 대비해야 한다. 그간 피해자 변호인으로서 다수의 사건을 맡으면서 느낀 바에 따라 몇 가지 조언을 정리해보았다.

우선 사건이 발생한 즉시 경찰서 여성청소년과나 원스톱지원센터로 신고하는 것이 좋다. 이 자체만으로도 피해 사실의 유력한 정황증거로 여겨지는 경우가 많기 때문이다. 집이나 직장 인근에 있는 관할 경찰서가 부담스럽다면, 다른 관할 경찰서의 여성청소년과로 신고하면 된다. 여타 범죄와 달리 성폭력 사건에 대해서는 관할이 다르더라도 가해자가 특별히 이의제기를 하지 않는 한 피해자가 신고나 고소를 접수한 경찰서 여성청소년과에서 수사를 진행한다.

여담이지만, 피해자의 상당수는 피해 사실 신고가 기록에 남아 앞으로 알려지게 될까 봐 두려워한다. 하지만 언론에 사건이 보도되는 등의 예외적인 상황이 아니라면, 실제 수사기관에서 신고와 관련된 개인정보가 유출되어 외부에 알려질 확률은 거의 없다.

강간 사건은 범죄 구성 요건이 성립하든(기수) 그렇지 않든(미수), 신고를 했든 못 했든 서둘러 산부인과 진단서와 정형외과 상해진단서를 발급받아두어야 한다. 이때 수치스럽다는 이유로 병원에 균 검사 같은 모호한 감염 검사를 요청하는 경우가 있다. 누군가 나의 병원 검진 기록을 알게 될까 봐 두려워서 그럴 것이다. 그러나 개인의 병원 검진 기록은 수사기관도 법원의 영장을 발부받아야만 조회할 수 있다. 경찰에 고소한 이력보다 타의로 공개될 확률이 극히 낮다는 이야기다.

예전 어떤 드라마에서 산부인과 의사가 자기 환자에 대해 초산이 아니라고 남편 앞에서 까발려 부부 사이가 파경을 맞는 장면이 있었는데, 이는 드라마에서나 나오는 이야기에 불과하다. 그러니 괜한 걱정은 접어두자. 의사에게 성폭행 피해자임을 알리고 그에 맞는 검사를 받고, 그와 관련된 진단서를 확보해야 한다. 그렇지 않으면 성폭행이나 물리력 행사에 저항했던 것이 입증되지 못할 경우, 당시 검사를 받았거나 진단서를 발급받았음에도 무용지물이 될 수 있다.

한편 범죄 현장에 가해자의 DNA가 묻어 있는 휴지 등의 증거물이 있는 경우, 될 수 있으면 48시간 이내에 경찰에 제출해야 한다. 이 증거물은 비닐봉지 말고 종이봉투에 넣어 보관하는 것이 더 낫다. 비닐봉지는 DNA 오염률이 더 높기 때문이다.

사건 후 가해자와 모호한 내용의 문자 메시지나 톡을 주고받는 건 금물이다. 가해자에게 가해 사실을 구체적으로 확인시키고 사과를 받는 내용의 SNS가 아닌 경우, 역이용되기 쉽다.

전문가는 이럴 때 찾으라고
있는 것

;　　　하지만 무엇보다 중요한 것은 이 난감한 상황을 타개해줄 믿을 만한 전문가를 빨리 찾아 필요한 조언을 구하고, 적합한 방법을 찾고, 심리적 안정을 취하는 일이다. 경찰관이든, 여성단체 상담소의 활동가든, 성폭행 사건을 전문으로 다루는 변호사든 다 괜찮다. 앞에서 이야기한 내용을 아무것도 생각해낼 수 없다 하더라도, 될 수 있는 대로 빨리 이런 전문가를 만나 이야기하는 것만은 꼭 해야 한다. 그러면 피해자 입장에서 좋은 선택을 할 수 있도록 정보를 제공해주기 때문에 필요한 준비를 할 수 있다.

피해자가 형사든 민사든 법적 조치를 결심하고 실행에 옮기면, 가해자는 피해자보다 수십 배 절박해진다. 그래서 피해자보다 훨씬 많은 정보와 비용을 동원해 가해자 전문 변호사의 도움을 받는다. 나쁜 가해자를 응징하고 배상받고자 할수록, 피해자가 더 부지런하고 신속하게 전문가의 도움을 구해야만 하는 이유이기도 하다.

앞의 사건에서 피해자는 고소 직전에 가해자의 범행에 대해 추궁하고 사과를 요구했으며, 가해자가 이에 응하는 과정을 녹취록으로 남겼다. 가해자가 강제추행을 이어갔기 때문에 목격자도 있었고, 몇몇 동료가 목격한 바를 증언해주기도 했다. 피해자 입장에서 볼 때 굉장히 운이 좋은 경우였다. 피해자는 뒤늦게나마 용기를 내서 한국성폭력상담소 상담가의 조언을 구했고, 그 과정에서 나와 만났다. 그래서 증거를 수집하고 쓸 만한 녹취를 얻기 위해 함께 노력할 수 있었으며, 그 결과 시간이 많이 흘렀음에도 소명이 가능했다.

하지만 기억하자. 가장 좋은 것은 가능한 한 빨리 신고하는 것이고, 신고를 못 했다면 신고에 준하는 대응으로 증거 자료를 확보해야 한다. 전문가의 조력이 가장 빛나는 순간 역시 증거 자료가 확보된 상황이다. 그렇게 되면 수사관이나 판사, 변호사 등에게 심증에 따라 믿어달라고 애쓰는 노력을 상당 부분 생략하고 나쁜 놈 패주는 일에만 집중할 수 있다.

살다 보면 미처 준비되거나
생각해보지 않은 일들에 맞닥뜨리게 된다.
큰일이든 작은 일이든 그 앞에서
선택을 해야 하는 이들에게 말해주고 싶다.
정작 힘을 실어야 하는 건
무엇이 최선인지를 판단하는 일이 아니라고.
자신이 원하는 것이 무엇인지
자기 마음을 똑바로 들여다보고,
그렇게 내린 선택이 최선이 되도록
최대한 노력하는 일이라고.

TALK 2

혼자 끙끙 앓지 말고 내 편을 잘 고르자

; 한 여학생이 있었다. 어느 날, 지도교수와 공동으로 연구를 진행하던 외부 연구자로부터 강간을 당했다. 피해를 입은 여학생은 가해자가 교수와 가까운 사람이었기 때문에, 신고는커녕 제대로 항의조차 못 한 채 며칠을 보냈다. 고심 끝에 여학생은 이 사실을 교수에게 알렸다. 그런데 교수의 반응이 냉담하다 못해 가학적이었다.

고민하던 여학생은 학교에도 이 사실을 알렸다. 교수는 여학생에게는 물론, 이후 학교에서 열린 긴급대책회의에서도 화간인 것 같다며 여학생에게 문제가 있다는 식의 진술을 이어갔다. 교수가 딱히 그렇게 생각할 만한 이유나 증거가 있는 것도 아니었다. 아직 정교수가 아니었던 그는 당시 정교수 임용 인사를 앞두고 있었다. 짐작건대 혹시라도 자신의 정교수 임용에 나쁜 영향이 미칠까 봐 그랬던 게 아닌가 싶다.

여학생은 지도교수에게 피해 사실을 알린 후 지인의 소개로 찾은 변호사를 통해 강간 피해에 대한 고소를 접수했다. 그런데 학생 입장에서 부담스러운 금액의 수임료를 지급했음에도 변호사와 대화하는 것이 편치 않았다고 한다. 고소장이 접수된 후로는 딱히 연락을 하지 않았고 변호사 측에서도 여학생에게 별도의 연락이 없었다. 그저 수사기관의 연락만 기다리는 중이었다.

여학생에게 더 큰 상처를 남긴 것은 강간 피해보다 믿고 의논한 지도교수의 냉담한 반응과 '화간' 운운하는 2차 가해 행위였다. 지도교수의 발언은 대책회의에 참여했던 교수 대부분에게 여학생이 당한 사건을 학교가 나서서 보호해줘야 할 성폭행이 아닌 흥미로운 가십거리로 만들었다. 학교에 피해 사실을 알린 후 여학생은 주변 공기가 왠지 불편해진 것을 느꼈다. 그러던 중 대책회의에 참석했던 여교수가 여학생에게 넌지시 물었다. "너 혹시 지도교수하고도 잤니?" 여학생을 딱하게 여긴 여교수는 대책회의에서의 상황을 말해주었다. 그제야 여학생은 학교에서 불편함을 느꼈던 이유를 알게 되었다. 그나마 이렇게라도 알지 못했다면, 지도교수의 악행을 모르는 채 사건이 흐지부지되고 학교와는 무관한 가십인 양 묻힐 뻔했다.

피해를 당하고 애써 용기를 내서 알려봤지만 첩첩산중에 갇히는 형국이 되어가면서 좌절이 깊어졌다. 그 무렵, 뒤늦게 누군가 귀띔해주어 그녀는 나를 찾아왔다. 처음 내 사무실에서 마주했을 때 여학생은 울지 않았다. 대신 나조차도 경계하듯 눈빛이 마주앉은 테이블의 물리적 거리보다 멀었다. 이야기를 들어보니 당연했다. 딱히 도움을 받진 못하더라도 필요한 조언이나 안타까워하는 공감은 받을 수 있을 거라 생각했는데 전혀 그렇지 못했다. 피해를 당한 것만으로도 감당하기 어려운 고통이었을 텐데, 믿고 도움을 청한 '어른들'에게서 너무 많은 상처를 받은 후였다.

이렇게 말하긴 조금 조심스럽지만, 피해자가 가져다 보여준 고소장은 꽤 고액의 수임료를 대가로 작성되었음에도 아쉬움이 많았다. 다른 것은 차치하고서라도 피해자가 당한 범죄가 강간인지 준강간인지 모호하게 되어 있어서 가해자 측의 반박

여지를 활짝 열어두고 있었다.

 고소장과 함께 제출된 녹취록에도 문제가 있었다. 그 녹취록은 고소를 결심한 여학생이 사실관계를 확인하기 위해 가해자랑 나눈 전화 통화 기록이었다. 내용을 보니 가해자가 강간이 아니라 합의된 성관계였음을 삼류 에로영화 장면 묘사하듯 능수능란하게 구체적으로 반박하고 있었다.

 고소를 진행한 변호사는 여학생에게 그 녹취록이 충분히 증거가 되니 기소가 될 거라고 했다지만 내 생각은 달랐다. 여학생은 피해 직후 신고를 하지 않았고, 시일이 지나 CCTV 등의 증거 자료가 없어졌으며, 산부인과를 비롯해 어떤 진단서도 떼어두지 않았다. 지도교수에게 이를 말할 것을 결심하기 전까지는 남들에게 알려질까 두려워 피해 사실을 누구에게도 말하지 않았고, 문자 같은 걸로 기록된 정황도 없었다. 있는 것이라고는 그 녹취록뿐인데 가해자는 강간 사실을 일절 부인하고 있었다. 수사기관에 거짓말탐지기 조사나 기타 보강수사를 해달라고 강력하게 요청한다 해도 증거 불충분으로 불기소될 여지가 높아 보였다.

 일부러 서초동까지 찾아와 다시 떠올리고 싶지 않았을 이야기를 꺼내놓은 여학생에게 이런 점을 알려야 하나, 어디서부터 어디까지 해야 하나 고민이 됐다. 상처 입은 야생동물처럼 잔뜩 웅크린 사람에게 또 다른 상처가 될지도 모른다는 생각도 들었다.

사건 당사자와 주변인
그 경계선 위의 변호사

;   기업이나 대학에서 종종 강의 요청이 들어오곤 한다. 직장 내 성희롱을 비롯한 각종 성폭력 예방이나 갑을관계에 대하여 인문학적으로 바라보는 강의를 해달라는 것이다. 그렇게 직장 내 성희롱 예방 강의를 할 때면 나는 '주변인' 문제에 관해 생각해볼 시간을 꼭 가진다. 사회는 다수의 사람이 함께 살아가는 곳이기에 아무리 교육이나 처벌을 강화한다 해도 문제는 일어나기 마련이다. 중요한 것은 그런 일을 100퍼센트 예방하느냐 못 하느냐가 아니다. 예방하려고 노력했지만 발생하고 만 그 일이 어떻게 처리되었느냐가 더 중요하다. 그 처리가 제대로 되었다면 피해자는 치유받고, 가해자는 부끄러움을 느끼게 된다. 그렇지 않은 경우 피해자는 더 큰 피해자가 되고, 가해자는 1차 가해자를 필두로 늘어나게 된다. 더 큰 문제는 정작 자신들이 가해자인 줄도 모르게 된다는 것이며, 나아

가 그 과정이 사회 구성원들에게 잘못된 학습을 남긴다는 것이다.

'처리가 어떻게 되느냐'는 표면적으로 피해자의 적극적 소명이나 가해자의 반성에 의해 좌우될 것 같지만, 실상은 피해자와 가해자를 둘러싼 주변인들의 시선과 태도에 달려 있다. 우리 대부분은 가해자나 피해자가 될 확률보다는 그들의 주변인이 될 확률이 높다. 그래서 강의를 할 때마다 우리 사회가 지나치게 가해자의 시선에 동일시되어 있는 현상을 지적하면서, 존중과 배려가 살아 있는 세상을 꿈꾼다면 좋은 주변인이 될 수 있도록 노력해야 한다는 점을 강조한다. 지금 이 글을 읽고 있는 독자들에게도 궁극적으로 가장 하고 싶은 이야기는 이게 아닐까 싶다.

그런데 변호사는 피해자를 대리할 뿐, 당사자가 아니다. 피해자 곁에 있지만 그가 몸담고 있는 사회의 주변인도 아니다. 그래서 피해자 입장에서 난국을 타개할 수 있도록 대안을 모색하고 함께 싸워가지만, 객관적 관점을 유지해야 한다. 주변인처럼 피해자의 시선에서 사건을 바라보며 따뜻함을 견지해야 하지만, 그의 사회에 존재하는 사람은 아니다. 이렇게 변호사는 피해자와 주변인의 딱 경계선에 서 있는 사람이다.

이러한 전제로 고민을 끝내고 이 여학생에게 내가 말해줄 수 있는 객관적 정보를, 내 감정을 최대한 빼고 모두 전달해 주었다. 그리고 변호사로서 내가 피해자 입장에서 생각하는 앞으로의 조치와 구조를 이야기했다. 강간 가해자에 대한 고소는 이미 진행 중이므로 내가 관여할 영역은 아니지만, 선임된 변호사를 통해 수사기관에 추가로 요청할 만한 것들에 대해 조언을 건넸다. 그리고 직접적 가해자에 대하여 고소 외에 별도로 응징할 수 있는 현실적인 방법을 조언한 후, 그보다는 2차 가해에 대한 문제와 이로 인한 피해를 최소화하고 원래의 삶이 최대한 유지되고 보호받을 수 있도록 조치해야 한다는 데 방점을 실어 이야기했다.

이야기를 하면서도 그 여학생에게 괜한 자책의 여지나 숙제만 남기는 것이 아닐까 걱정이 많았다. 그런데 뜻밖에도 그녀는 내 이야기에 귀를 기울였고 관심을 보이더니 수긍했다. 여학생의 이야기를 다 듣고 나의 의견을 전달할 무렵, 그녀가 비로소 눈물을 흘리기 시작했다. 그날도 상담 테이블의 티슈가 제 역할을 톡톡히 해냈다. 그렇게 한참을 울었지만, 돌아갈 땐 조금 미소를 보이며 인사했다. 변호사라 완벽히 당사자일 수도, 일상을 함께하며 의지할 주변인일 수도 없는 경계인이지만, 이럴 때 나 역시 내가 서 있는 경계선을 사랑하게 된다.

"혼자 싸우는게 아니에요.
우리 힘을 내요."

; 여학생은 지도교수 등 학교에서 일어난 2차 가해에 대한 사건을 나와 함께 진행하기로 했다. 이런 결정을 한 다음 날, 그 여학생한테서 연락이 왔다. 사건과 관련하여 대학본부 측과 면담을 하게 됐다는 것이다. 예정된 면담일에 다른 일정이 있었지만, 긴급히 미루고 나도 여학생과 함께 피해 사실 진술을 하는 면담에 참석했다.

나와 처음 만나던 그날처럼, 그녀는 이날도 잔뜩 긴장해 있었다. 그걸 들키지 않으려고 애써 미소 짓고 있었지만, 앳된 나이가 고스란히 드러나는 투명한 피부처럼 긴장되고 떨리는 마음이 그대로 전해졌다.

대학본부 담당자와의 면담 자리에서 여학생은 시종일관 떨리는 목소리였지만 자신이 겪은 일련의 과정을 차분하고 담담히 설명했다. 본인이 무엇을 요구해야 하는지 여전히 혼란을 겪고 있었지만, 최근 두 달 사이에 쓰나미처럼 밀려온 사건들을 이렇게나마 견뎌내고 이만치 진술해내는 모습을 보니 안쓰럽고 대견했다. 그녀가 미처 표현하지 못한 센 발언은 대리인으로서 내가 마무리했다.

"이 학생은 학교를 사랑하고 이 학교에서 지내온 자신의 삶을 사랑한다. 성폭력 관련 사건을 중점적으로 다뤄나가는 변호사로서 바라볼 때, 이 사건은 1차 피해도 심각하지만 2차 피해가 더욱 심각하다. 이미 발생한 성폭행을 없던 일로 만들 수야 없겠지만, 이 학생이 바라는 것은 자신의 삶이 그 성폭행으로 인해 망가져서는 안 된다는 것이다. 그리고 그런 일이 자신에게 다시 일어나서는 안 됨은 물론 후배들에게도 일어나서는 안 된다는 것이다. 그래서 학교가 조속한 시일 내로 2차 피해 사실에 대하여 제대로 진상을 파악한 후 가해 교수가 피해 학생에게 공개사과를 하는 자리를 마련하고, 가해 교수에게 행위에 부합하는 징계 처분을 할 것을 요구한다. 이 학생도 나도 최소한 학교만이라도 이 안타까운 상황을 교육기관답게 처리해주기를 희망한다. 그것이 어렵다면 결국 해당 교수 외에 학교도 대상으로 하여 법적 조치에 들어갈 것이므로, 학교가 그런 선택을 하지 않기를 바란다."

이 말을 할 땐 비장했고, 하고 나니 허세롭게도 스스로 좀 멋지다고 생각했다. 면담이 끝나고 나왔는데 여학생이 또 글썽거린다. 고맙다며, 힘이 된다며 인사를 한다. 제멋에 겨워 내심 잘했다며 으쓱했던 게 무색하게, 갈비뼈 안쪽에서 뜨겁고 뭉클한 게 올라온다. 면담장에서 따따부따 길었던 말 대신 입에서 진심이 흘러나온다. "혼자 싸우는 게 아니에요. 그러니 우리 힘을 내요."

아직 학교에서는 이 사건을 처리하는 중이다. 중간 결과까지만 보면 학교는 교수를 징계하고 여학생은 성폭행 가해자와 교수만을 대상으로 손해배상 소송을 진행하게 될 전망이다. 다행이라고 생각한다. 전망대로 처리된다면 말이다. 이 여학생을 위해서나, 학교를 위해서나 그리고 그 학교의 학생들을 위해서나.

TALK 3

> 자책은
> 피해자의
> 몫이
> 아니다

; 　토요일 밤, 홍대 앞이었다. 친구와 콘서트를 갔다 와 늦은 저녁을 먹고 있는데 전화벨이 울렸다. 낯선 번호였다. '받아? 말아?' 잠시 망설이다가 전화를 받았다.

　말끝이 미세하게 떨리는 앳된 음성의 여성이 이은의 변호사냐고 묻는다. 그 순간, 귀찮음이 호기심으로 바뀐 나는 누구시냐고 되물었다. 떨리는 목소리의 주인공은 성폭행을 당했다며 내일이라도 당장 상담을 해줄 수 있느냐고 했다. 경찰서에 먼저 상담전화를 했는데, 마침 당직 중에 전화를 받은 경찰이 내 휴대전화 번호를 알려주며 상담을 권했다는 것이다. 성폭행 민·형사 사건을 많이 다루다 보니 피해자 진술 때 배석했다가 수사관과 인사를 나누는 일이 종종 있다. 그런데 굳이 나한테 가서 상담을 받으라고 권할 만큼 친분이 있는 경찰이 누군지 떠오르지 않았다. 어쨌든 다음 날 오후로 약속을 잡고 전화를 끊었다.

다음 날, 개업 이래 최고라고 손꼽을 만한 미모의 젊은 여성이 지인과 함께 사무실로 찾아왔다. 그녀는 상담 테이블에 앉은 후에도 한동안 말을 꺼내지 못하고 주저했다. 창백한 낯빛 위로 불안한 듯 큰 눈동자가 안쓰럽게 흔들렸다. 당면한 범죄의 성격이 성범죄인지라 아무래도 지인과 함께 있는 자리에서 상담을 한다는 게 불편해 보였다. 피해자와 단둘이 이야기를 나누고 싶다고, 함께 온 지인에게 양해를 구했다.

둘이 되자 피해자는 눈물과 자책을 한꺼번에 쏟아놓으며 이야기를 시작했다. 피해자가 당한 일은 동행한 지인이 알고 있는 것보다 훨씬 더 끔찍하고 복잡했다.

그녀는 연예인 지망생이라고 했다. 연예인 지망생들이 다수 가입해 정보를 나누고 구인·구직을 하는 인터넷 카페가 있는데 거기서 알게 된 남성이 가해자였다. 가해자는 피해자에게 해외 광고모델을 하도록 해주겠다며 접근했고, 자기와 사이가 안 좋아지면 연예인 생활을 못 하게 될 거라는 협박조의 말도 반복했다. 그러다가 계약서를 쓰자며 피해자를 모델로 데려갔다. 피해자는 나이가 어린데다 연예인이 되고 싶다는 마음이 간절하다 보니, 미심쩍다는 생각이 들었음에도 계약서를 쓸 요량으로 따라 들어갔다. 그 후 안에서 너무나 당혹스러운 일이 순식간에 일어났다. 가해자는 큰 충격으로 멍해진 피해자를 데리고 태연히 모텔을 나섰다.

가해자와 피해자가 모텔에 들어갔다가 나온 CCTV 외에는 강간의 증거가 딱히 없었다. 사고 당시 바로 신고하거나 성폭행 사실을 병원에 고지하고 진단서를 발급받지 못했기 때문이다. 가해자가 성폭행을 스스로 인정하면 몰라도 합의된 성관계였다고 주장한다면 소명하기도 어려워 보였다. 상담전화를 받은 경찰이 왜 변호사 상담을 권했는지 이해가 갔다.

"제가 왜 그랬는지

모르겠어요."

; 피해자의 자책은 가해자와 만난 일부터 현재에 이르

기까지 구석구석 이어졌다. 왜 그 사람을 만났을까? 왜 그 사람 이야기를 듣고 모텔에 따라갔을까? 일이 터진 즉시 왜 제대로 대처하지 못했을까? 피해자는 자신이 올바로 행동하지 못했다고 생각하는 지점마다 "제가 왜 그랬는지 모르겠어요", "잘 이해가 안 되는데… 그땐 멍했어요", "상대방이 왜소한 편이었는데 제가 왜 제압을 못 했는지 모르겠어요" 같은 말들을 반복했다. 이런 말을 하는 피해자의 얼굴은 절망감과 자책감으로 범벅이 됐다.

피해자가 돌아가고, 나 역시 빈 사무실에서 한참이나 마음이 먹먹해 일이 손에 잡히지 않았다.

이후 고소장의 내용을 채워가면서 전화로 연락을 주고받을 때도, 수사기관에서 피해자 조사를 받을 때도 피해자의 자책은 줄지 않았다. 피해를 당한 그날의 기억을 자꾸만 복기하다 보니 오히려 자책이 늘어나는 것 같았다.

피해자의 자책은 여러 지점에서 다양한 문구로 이어졌지만, 결국은 하나였다. 만나러 나가기 전에, 조건이 너무 파격적이라 미심쩍다 여겨졌을 때, 가해자가 계약서를 쓰러 모텔에 가자고 했을 때, 모텔 안에서 끔찍한 상황이 벌어졌을 때 마음속에 들끓던 "노"를 왜 외치지 못했을까?

지망생의 절실함을
악용하는 인간들

;   지금은 변호사로 살고 있지만, 나에게도 스무 살 이후 꽤 다양한 지망생 시절이 있었다. 대학교 4학년 전반을 취업의 높은 문턱 앞에서 키 작은 취업 지망생으로 살았다. 이후 잘 다니던 직장을 휴직하고 2년 가까운 시간을 작가 지망생으로 살았다. 법조인이 되겠다고 로스쿨에 진학해 공부한 3년간은 변호사 지망생이었다. 각각의 기간도 그러하지만 그 기간들을 다 합치면 결코 짧지 않은 시간이다.

'지망생'이란 단어를 언뜻 들으면 꽤 청춘스럽고 낭만적인 느낌이 든다. 하지만 현실은 전혀 다르다. 지망생은 이른바 미생도 아닌, 이제 막 착상된 수정란 같은 상태다. 태어날 수 있을지조차 불투명하다. 지망생들은 무엇을 해야 하는지 명확히 알 수 없음에도 끝없이 노력을 기울여야 하고, 그렇게 노력하면서도 한없이 불안한 마음으로 산다. 그리고 노회한 사회로부터 "젊어 고생은 사서도 한다", "아프니까 청춘이다" 같은 말을 들으면서 때로 위안받고 때로 절망하며 때로는 원망도 한다.

나의 경우 그나마 취업이나 변호사를 지망할 땐 조금 나았다. 지향점을 향한 준비가 규격화되어 있기 때문이다. 준비해야 할 것이 많았고 버거웠고 조급했지만, 각각의 목록과 정도가 제시되어 있으니 노력하면 마침내는 미생으로 나아갈 것을 알고 있었다.

제일 간절하고 불안했던 시절은 작가 지망생으로 살 때였다. 누가 등 떠밀어 하라는 게 아닌데도 굳이 내가 하고 싶은 일이었으니 기꺼웠고 간절했다. 하지만 글이 쭉쭉 나오는 비법 같은 게 있을 리 없으니, 무조건 열심히 한다고 대작이 나온다는 보장이 없었다. 당시 내가 다니던 여의도 방송작가연수원은 조선 시대로 따지면 장안의 글 좀 쓴다는 인간들이 죄다 모인 곳이라 할 만했다. 그 시절만큼 열망과 불안감이 뒤엉키며 간절하고 절박해졌던 적도 없다.

방송작가 지망생의 절대다수는 여성이었다. 반면 나잇대는 다양했다. 기초반부터 연수반, 전문반, 창작반이 있어서 한 학기 단위로 단계별 수업을 하고 일정 평가를 거쳐 진급을 했다. 경력이 묵직한 드라마 작가나 방송국 PD들이 담임 선생님처럼 각 반을 지도했다. 지망생들 입장에서 선생님은 스승이기도 하지만 잘 보이고 싶은 현업 종사자이기도 했다.

나는 공부나 일을 하면서 갖는 근자감(근거 없는 자신감)이 큰 성향에다가 당시 회사를 완전히 그만둔 상태가 아니었던 영향도 있어서, 다른 동기생들보다는 겉으로 드러나는 간절함이

덜했다. 사회생활도 좀 하다 온 덕분에, 선생님과도 상대적으로 더 친해질 수 있었다. 수업이 끝나고 뒤풀이에 가면 선생님과 각종 시답지 않은 얘기들을 자연스레 나누며 다른 작가 지망생 절친과 함께 끝까지 남아 놀곤 했다. 그런 탓에 같은 반 지망생들이 우리를 보는 시선이 곱지만은 않았다.

그럴 만도 한 것이 지망생들 사이에서는 '찌라시'에 나올 법한 이야기들이 적잖게 돌아다녔기 때문이다. 예를 들어 모 작가 선생님이 "공모에서 당선될 작품을 쓰려면 모텔 방 잡아놓고 며칠 같이 작업해야 한다. 할 수 있냐?"라는 말을 수업 시간에 했다는 둥 하는 내용이다. 물론 내가 만난 담임 선생님 중에선 그런 분이 없었다. 그런데 한편으로는, 모텔 방을 잡고 작업한다는 것이 그만큼 지망생과 스승이 함께 애써야 한다거나 도움을 구하지 말고 자력갱생하라는 의미로 좋게 풀이되기도 했다. 그런 탓인지 좋은 작품을 쓸 수 있다면 모텔이고 펜션이고 장소는 문제가 되지 않는다는 의견들도 꽤 많았다.

하지만 지금 생각하면 위험천만한 발상이 아닐 수 없다. 한 작가 지망생은 수업 뒤풀이 후 기성 작가와 함께 택시를 탔는데 그 작가가 자신의 젖가슴을 움켜쥐는 바람에 너무 놀라 어딘지도 모를 동네에 택시를 세우고 혼자 내렸다고도 했다. 이후 사과 같은 건 듣지 못했다면서, 오히려 자신이 이런 이야기를 한 것이 그 작가의 귀에 들어갈까 봐 걱정했다. 역시나 지금 생각하면 한숨이 나는 일이다.

누군가 써내는 작품이 선생님의 눈에 들어 그를 편애하는 것이든, 누군가 그저 선생님의 눈에 들어 작품이 이유 없이 좋게 평가받는 것이든 지망생들 입장에선 달갑지 않은 게 당연했다. 나름대로 재능을 갖추고 엄청난 노력도 기울이지만, 아주 소수만이 작가로 입문하는 구조이기 때문이다. 아프니까 청춘이 아니라, 경쟁은 치열하고 먹고살기는 어려운 사회라 아플 수밖에 없는 것이다.

예나 지금이나 나는 별로 예쁘거나 매력적인 사람도 아니고 당시 글을 막 쓰기 시작한 하룻강아지였지만, 방송국이나 연수원 공모전에서 2, 3차 심사까지는 통과한 작품들을 제출하던 상황이었다. 그러나 전문반 선생님은 소수 정예 장학생들로만 운영되는 창작반 진급 명단에 나를 넣어주지 않았다. 대신 밑도 끝도 없이 미안하다며 "회사로 복귀하실 거니까"라는 짧은 메일을 보내왔다. 연수반이나 전문반과 달리 창작반은 극소수만 진급시키는 구조이다 보니, 선생님 역시 편애해서 진급시켜줬다는 말이 부담스러웠던 것 같다.

다행스럽게도 때마침 나는 회사로 복직할 날짜가 코앞에 닥친 상황이기도 했다. 조금도 아쉽지 않았다면 거짓말이겠지만,

선생님의 입장이나 선택은 이해가 됐다. 정확히는 지망생들의 마음이 이해됐다. 스스로 논란의 여지 없이 좋은 작품을 쓸 수 있을 때 다시 지원을 하든 그대로 데뷔를 하든 할 테니 괜찮다고 답장을 썼다.

어른들은 젊은이들을 향해 걸핏하면 꿈이 뭐냐 묻는다. 꿈이 없다고 하면 왜 꿈이 없느냐고 타박하고, 꿈을 이야기하면 헛된 꿈을 꾼다고 훈계한다. 사회는 청춘들에게 꿈을 꾸라는데, 시험 보고 통과되는 종류가 아닌 꿈을 꾸기 시작하면 청춘의 삶은 고달파진다. 누군가는 아프니까 청춘이라고 하지만 왜 꼭 아파야 하는지, 아니, 아프면 꿈이 실현은 되는지 알 길이 없다.

이런 일련의 일을 통해서 나는 우리 사회의 각종 지망생들이 가진 절박함을 알게 되었고, 그래서 그 절박한 마음이 지망생들을 꿈을 향해 노력하게 하는 만큼 스스로를 위험하게 만들기도 한다는 것을 알게 되었다. 하지만 더 자신 있게 말할 수 있는 건 이것이다. 절박한 마음이나 그로 인해 생긴 위험을 감당해내는 것은 지망생의 몫일지언정, 그 과정에서 일어난 잘못된 일의 책임은 지망생의 몫이 아니란 것이다.

피해자에게 잘못을 전가하는
고약한 프레임이 문제

;　　　직장 내 성희롱을 포함해서 각종 성폭력 사건들을 맡다 보니, 피해자들과 가해자들 모두에게서 여타 범죄 당사자들과는 확연히 다른 모습을 보게 된다. 성폭력 범죄에서 피해자들은 자기가 당한 범죄나 그 가해자에 대하여 분노하는 것만큼, 아니 그 이상으로 자신을 책하는 경우가 많다. 연예인 지망생이나 직장 내 성폭력 같은 권력형 성폭력 범죄의 경우는 범죄가 발생한 경위나 이를 다투기까지 피해자가 수없이 주저하고 망설이는 과정을 거치기 때문에 더 심하다. "노"라고 말하지 못한 자책감이 뾰족한 화살이 되어 자기 내면에 상처를 입히는 것이다.

그런데 생각해보자. 음주 운전자가 모는 차에 교통사고를 당하거나 길을 가다 강도를 당했다면, 그것이 피해자의 탓일까? 절대 그렇지 않다. 성폭력 역시 마찬가지다. 피해자가 뭘 어째서 생기는 범죄가 아니다. 우리가 살고 있는 사회가 오랜 세월 잘못된 프레임, 즉 '피해자가 가해자의 성욕을 자극해 가해자가 욕정을 참지 못했다'는 프레임을 유지해왔기에 그 영향을 구석구석 받고 있는 것뿐이다. 사람은 동물이지만 그저 동물이 아니다. 누군가 벌거벗고 길바닥을 지나간다고 한들 그 사람을 만져도 되는 것은 아니다. 자책을 하더라도 가해자가 해야지 피해자가 할 게 아니다.

'참을 수 없는 욕정' 같은 것이 존재하는지도 의문이지만, 설령 존재한다 한들 그것을 발현하는 것은 범죄이고 그 주체는 범죄자일 뿐이다. 무릇 범죄자의 범죄 행위는 피해자가 뭘어째서 생기는 문제가 아니다. 간절하고 절박한 마음 역시 죄가 아니다. 이런 마음을 악용하는 영악스러움이 죄다.

가해자와 간절한 이해관계에 있거나 피해 정도가 심각할수록 그 직후에 피해자가 변호사나 경찰관 들이 말하는 효율적인 대응을 하기란 어렵다. 자존감이 무너지는 종류의 범죄를 당한 피해자에겐 겉으로 멀쩡해 보여도 급성 스트레스 장애가 수반된다. 정상적일 수 없다.

그러니 피해자가 당한 범죄와 관련해서 어떤 화살도 피해자에게 돌려서는 안 된다. 피해자를 둘러싼 사람들도 그렇거니와 피해자 자신도 마찬가지다. 이미 지나간 '범행 당시'를 두고 자책하는 것은, 사건의 충격을 헤쳐 나오는 과정에서 이런저런 관념을 재정비하고 다시는 그런 일이 일어나지 않도록 필요한 것들을 생각해보는 노력과 전혀 별개의 문제다.

피해자의 자책은 문제를 해결하는 데에도 도움이 되지 않는다. 가령 앞의 사건에서 피해자는 수사기관에서 진술할 때 "왜 그랬는지 모르겠는데 저도 모르게 모텔을 따라가게 되었어요", "이상하게 제대로 저항하거나 도망가지 못했어요", "가해자가 왜소하니 제압할 수 있었는데 왜 안 그랬는지 모르겠어요" 같은 말들을 반복했다. 하지만 피해자가 모텔을 따라 들어간 이유는 섹스를 하고자 한 게 전혀 아니었다. 가해자는 어린 피해자에게 광고모델 자리를 주겠다고 속였고, 피해자는 속았다.

가해자는 자신의 말을 듣지 않으면 연예계에서 매장시켜버린다는 무시무시한 협박을 반복했고, 피해자는 겁을 먹은 상태였다. 피해자는 아직 사회경험이 많지 않은 여성이었고, 가해자와 밀폐된 공간에 있었다. 그들이 들어간 방은 2층의 맨 끝 방이어서 프런트에 도움을 요청할 수도 없었다. 가해자는 상해진단서가 나오지 않을 정도의 폭력을 행사했다. 그가 설령 몸집이 다소 왜소하다 한들 물리적으로 피해 여성보다 우위에 있을 수밖에 없었다. 게다가 피해자는 저항하다 얼굴에 흉터라도 남을까 두려웠다.

피해자는 아직도 그 충격과 자책에서 벗어나지 못했는데, 자신이 느낀 공포나 두려움보다 자책이 앞섰다. 진술이 끝나고 보니, 피해자 얼굴이 반쪽이 됐다. 그렇게 얼굴이 반쪽이 될 정도로 열심히 진술했지만, 자책은 자신을 힘들게 할 뿐 그 수사에서 피해자에게 유리하게 작동하지 않는다. 나는 피해자의 진술 중간중간 수사관에게 양해를 구하고 끼어들어 지워달라고 요구했다. 피해자 변호사로서 그 자리에서 해줄 수 있는 건 피해자 곁에서 꼼꼼히 듣고 불리할 만한 감정적 진술은 빼달라고 요구하는 것뿐이었다.

나는 잘못한 게 없다고
스스로 다독여주기

; 안타깝게도 우리 사회에서 가해자와 피해자가 모텔 같은 숙박업소를 들어가고 나가는 CCTV 영상은, 안에서 피해자의 의지에 반해 성폭력이 일어나고 피해자가 이에 저항하였거나 저항할 수 없는 상태에 놓여 있었음을 입증할 만한 다른 증거가 없다면 피해자에게 유리한 증거가 되지 못한다.

이 사건은 피해자의 진술이 아니라 주변 사람들의 힘으로 실마리를 찾게 되었다. 이 사건의 가해자가 그 인터넷 카페에서 동일한 수법으로 다수의 연예인 지망 여성들에게 금전 사기를 치거나 성폭행을 해온 것이다. 자책하는 피해자를 독려해 함께 인터넷 카페에서 유사 피해자를 찾아냈다. 나는 유사 피해자와 접촉해 고소하도록 조언하면서 정보를 얻었고, 이를 수사관에게 알려줬다. 성폭행으로 기소가 안 되더라도 피해자들이 다수라 사기죄로나마 가해자를 단죄할 가능성이 대폭 올라갔다. 강간죄로 기소하기 어렵다는 전망 때문에 속상해하던 피해자도 덕분에 기운을 차렸다. 자책을 내려놓고 문제를 해결하는 데 집중한 결과였다. 그런 과정이 다친 마음을 치유하는 데에도 도움이 되었음은 물론이다.

만일 지금 누군가 이 글을 보면서 주변에 말하지 못한 고민으로 자책하고 있다면, 손을 꼭 잡고 말해주고 싶다. 당신은 자책할 필요가 없으며 문제를 해결하는 데에도 전혀 도움이 되지 않는다고. 어렵겠지만 그런 감정을 가만히 내려놓고 문제 해결에 집중하며 자신을 추슬러야 한다. 잘못한 게 없다고 스스로 다독여도 괜찮다. 이미 생긴 사고가 없었던 일이 될 수는 없을 것이다. 하지만 그 난관을, 그 시기를 잘 건너고 나면 사고는 사건이 되고, 사건은 인생을 살아가는 데 제법 쓸모 있는 좋은 경험의 하나로 남게 된다.

TALK 4

> 정면돌파를
> 택했다면
> 눈 크게 뜨고
> 가는 거다

; 로스쿨 2학년이던 가을, 이메일을 하나 받았다. 모 공기업에 다니는 30대 초반의 여성이었다. 그녀는 외국으로 출장을 갔다가 동행한 상급자로부터 수위가 높은 강제추행을 당했다. 피해자는 회사에 바로 알리고 싶었지만 그러지 못했다. 여기에는 그럴 만한 이유가 있었다.

그간 그 기업에서는 직원 교육 차원에서 해외출장이 이루

예민해도 괜찮아

어졌는데, 직원들 사이에서는 이것이 시혜성 출장으로 여겨져 왔다. 그래서 교육 기간보다 출장 기간을 오래 잡아 기안을 올리는 관행이 있었던 것이다. 피해 여성의 경우도 예외는 아니어서 같이 출장을 가게 된 상급자와 이를 총괄하는 교육 부서 책임자가 그녀에게 교육 기간에 관광 일정을 더해 출장기안을 하도록 지시했다. 그녀가 추행 사건을 회사에 알리면 출장 관행 또한 사내 문제로 불거질 소지가 컸다. 그래서 그녀는 출장지에서도, 출장지에서 돌아와서도 회사에 말을 하지 못했다.

그런데 상황이 예상치 않게 흘러갔다. 출장 도중 가해자가 회사 관계자에게 성추행 문제가 생겼다고 알린 모양이었다. 알고 보니 돌아오자마자 회사에서 이 출장에 대한 감사가 시작됐고, 강제추행 사실이 수면 위로 떠올랐다. 가해자와 교육부서 상사는 그녀에게 "남자를 몇 명이나 따먹고 다녔냐?", "니 몸에서 냄새 난다"라는 식의 모욕적 발언을 서슴지 않으며 해당 출장의 잘못을 그녀에게 떠넘기고 강제추행 사실을 덮으려 했다.

그녀가 내게 메일을 보내왔을 당시, 회사는 가해자와 피해자를 모두 해임했다. 그녀는 '삼성전기 직장 내 성희롱 사건'을 언론 보도와 『삼성을 살다』를 통해 알게 되었다고 했다. 인터넷을 뒤져 블로그를 찾고 거기 있는 이메일로 내게 연락을 한 것이다.

하지만 나는 아직 변호사가 아니었고, 수험생이라 여유가 많지 않았다. 아쉬운 대로 몇 가지 조언과 주의할 점, 그리고 도움을 줄 만한 이들의 연락처 등을 알려줬다. 이후 그녀로부터 실시간 진행사항을 전해 들을 수 있었다. 그녀는 지역 여성단체, 소속 노조와 공조해 피켓시위까지 하며 항전(!)했다. 그 결과 회사는 그녀에 대한 해임을 거둬들였으나, 대신 정직 6개월이란 중징계를 내렸다. 회사는 계속 시끄럽게 굴면 그간 직원들의 모든 해외출장을 뒤져서 다 징계하겠다는 태세였고, 노조는 그녀에게 결정하라고 반 발 물러섰다. 결국 그녀는 중징계를 받아들이고 다툼을 종결했다.

그 사건이 종결될 무렵 나는 뒹구는 낙엽도 조심하며 다녀야 한다는 로스쿨 3학년 수험생이 되었다. 그렇게 1년의 시간이 스르륵 지나 변호사가 되었고, 작은 법률사무실을 열었다. 얼마 지나지 않아 그녀가 연락을 해왔다. 메일과 전화로만 연락해오던 그녀를 드디어 사무실에서 직접 만나게 됐다.

자의 반 타의 반, 좌절 반 외면 반, 그녀는 당시 회사와의 다툼을 정직 6개월이란 중징계로 종결하면서 아쉬움이 많이 남았다고 말했다. 더구나 정직 이후 조직에서의 삶도 녹록하지 않았다. 이런저런 이야기 끝에 그럼 민사소송을 해보겠느냐고 변호사가 된 지금 돌아보면 회사 측 담당 변호사가 가졌을 내적 갈등이 느껴져 안쓰러울 지경이지만, 당시엔 서면을 받아 볼 때마다 이루 말할 수 없이 참담했다. 정확히는 막연한 두려움과 걱정이 앞섰다. 상대방의 거짓말에 화가 치솟는 한편, 판사님이 그걸 곧이곧대로 믿을까 봐 걱정이 됐다. 사실이라 해도 문제 될 게 없는 내용을 보면서도 정말 큰 잘못을 한 듯한 느낌이 들기도 했다. 마지막엔 '정말 내가 몸담아온 회사가 날 이렇게 생각하는 건가'라는 상념에 수심이 깊어지기도 했다.

다행히 내 성격상 이런 롤러코스터 구간이 짧았다. 급격히 밀려들었던 분노와 냉소는 꼼꼼하게 대응전략을 짜고 실천하는 데 동력으로 쓰였다. 그렇다고 그 스트레스가 정당하거나 유익했단 말은 아니다. 큰 파도가 밀려올 걸 알면서도 막상 닥치면 휩쓸려 갈까 봐 두려웠고, 파도가 날 덮쳐 꼴딱꼴딱 물을 먹을 땐 당장 죽을 듯 괴로웠다.

그렇지만 기왕에 맞을 파도라면 똑바로 바라보고 잘 헤쳐나갈 방법을 궁리하는 정면돌파만큼 유익한 선택도 없다. 그렇게 하다 보면 어느새 파도가 날 삼키는 것이 아니라 파도를 즐기는 나를 만나게 된다. 이런 경험은 나에겐 자산이 됐고, 내가 변호사가 돼서 만나는 의뢰인들에겐 제법 쓸모 있는 지침으로 작용하고 있다.

그녀에게서 심란해하는 문자가 오던 그 밤, 나는 원래 그런 거니 너무 속상해하지 말라는 짤막한 답신만 남겼다. 전화를 걸어 긴 위로를 할 수도 있지만, 당사자 스스로 무너진 마음을 추스를 시간이 필요하니까. 대신 다음 날 아침 일찍 문자를 보냈다. 마음에 잔뜩 상처를 주었지만 잘 들여다보면 찌질하기 짝이 없는, 비방 벽서 같은 상대방 서면을 꼼꼼히 읽고 페이지마다 사실관계와 의견을 적어오라고 숙제를 내주었다. 직후에 결렬될 것이 뻔한 조정 자리에도 꼭 직접 나오도록 권했다.

목 잡고 쓰러질 법한 서면을 읽느라 속을 있는 대로 끓였던 그녀는 조정 자리에서도 안하무인격인 상대방 입장을 직접 목격하면서 모멸감과 씁쓸함까지 폭풍처럼 느꼈을 것이다. 하지만 다행히 곧바로 냉정을 되찾았다.

그날 서울중앙지방법원 1층에 있는 카페에서 그녀에게 아이스커피를 사주었다. 변호사가 아니라 힘든 파도타기를 먼저 해본 언니로서 그녀와 잠시 마주했다. 그리고 내가 오래전 회사와 행정소송을 할 때(당시엔 행정법원이 중앙지방법원 안에 같이 있었다) 바로 여기서 종종 아프고 때로 울었지만, 마침내는 단단해지고 당당해져 갔다는 얘기를 들려주었다. 겁이 나고 힘들더라도 문제를 똑바로 바라보고 제대로 걸어가다 보면, 사건은 다 지나가고 나는 잘 남는다고 말해주었다. 고맙게도 그녀는 가서 더 열심히 숙제를 하겠다고 다짐했다. 우리는 함께 이 사건을 꼭 이기고 말자고 서로 격려했다.

    비단 이런 일이 아니어도 우리의 일상은 늘 아슬아슬한 지뢰밭이다. 조금 굴욕적이더라도 안전한 선택, 아니면 두려움과 대면해야 하는 정면돌파 사이를 수시로 오간다. 정면돌파가 항상 최상의 답인 것은 아니다. 그러나 정면돌파가 필요한 일에, 그 자리에 서게 됐다면 두려워하지 말자. 실상 그 두려움은 두렵게 한 대상에게서 나오는 것이 아니다. 그 죽을 듯 숨 막히는 두려움은 내 안의 자신 없음에서 태어나, 두 눈을 감아버린 마음에서 기생한다. 두려움은 우리를 잡아먹지 못한다. 그걸 한번 잘 극복하고 나면 우리 안에선 내성이 쑥 커진다. 기실 그 두려움마저도 다 내 것이다. 그러니 꽉 껴안고 대면하면서 쑥 자라보면 어떤가. 결국 용기도 두려움을 동반하여 태어나는 것이니 말이다.

PART II

여자들을

오락가락하게

하는 것들

TALK 5

**성희롱인 듯
아닌 듯
불쾌한 터치**

; 2014년에 공론화된 사건 중에 인권위원회 안에서 발생한 직장 내 성희롱에 대한 다툼이 있었다. 한국성폭력상담소의 부지런한 활동가 한 분이 나에게 피해자 변호인으로 지원해줄 수 있는지를 문의해와 기소 후에 맡게 된 사건이다. 이 사건은 강제추행의 죄로 기소돼서 이 글을 쓰고 있는 2015년 10월이 지나가도록 유무죄의 결론이 나지 않은 채 법정 공방

이 이어지고 있다.

 이 사건의 피해자는 인권위원회에서 직장 내 성희롱을 포함해 각종 차별이나 침해를 조사하는 조사관이었다. 가해자는 총괄책임자로 피해자와 비교되지 않게 높은 직급이었다. 피해자의 주장에 따르면 가해자는 회식 자리에서 피해자를 격려한다며 테이블 아래로 피해자의 손을 잡고 꼭 쥔다든가 러브샷을 요구하곤 했다. 그뿐 아니라 사무실에서도 굳이 피해자의 등 뒤에서 어깨 위로 팔을 뻗어 피해자의 마우스를 조작하며 업무지시를 하곤 했다고 한다. 가해자의 팔과 피해자의 가슴이 닿을 듯 말 듯 민망한 업무지시가 6개월간 이어졌다. 결국 피해자는 인권위원회 내부에 이를 고지하였다. 그러나 조직 안에서 고위직 상급자를 대상으로 문제제기를 한다는 것이 녹록지 않았다. 피해자는 다른 국가기관으로 전보신청을 하고 경찰에 고소를 하였고, 이후 기소가 되어 재판이 진행되고 있다.

 2015년 연초에는 서울대학교의 일부 몰지각한 교수들이 도마에 올랐다. 여학생들을 향한 성적으로 부적절한 발언과 스킨십 시도 등이 이슈가 됐다. 이에 그치지 않고 2015년 봄에는 〈뉴스타파〉를 통해 성균관대학교 교수의 여교수 성희롱 사건이 보도되었다. 그 교수가 1년 전 학생들과 함께 간 MT에서 후임 여교수를 신체적, 언어적으로 성희롱한 사실이 목격 학생들의 진정으로 불거졌으나 학교가 가해 교수의 입장에서 편향되게 처리했다는 내용이다.

이런 사건을 접하면서 사람들이 갖는 의문성 반응은 크게 두 가지다. 하나는 "왜 이제야 알렸대?"이고, 다른 하나는 "그게 성희롱이야?"라는 반응이다. 이 두 가지는 언뜻 보면 다른 듯하지만, 실은 크게 다르지 않다. 이런 직장 내 성희롱 또는 학내 성희롱 등으로 분류되는 행위들은 함께 생활하는 조직 안에서 이해관계가 얽혀 있는 사람 사이에서 발생한다. 더구나 가해자와 피해자는 동일한 권력관계에 있지 않다. 가해자가 피해자에 비하여 코딱지만큼이라도 갑의 지위에 있는 경우가 99.9퍼센트다. 이런 행위들은 '그냥 참고 넘길 수도 있는데 내가 예민해서 기분이 언짢은 것인가?' 하고 고민이 되는 수위의 자극에서부터 시작된다. 피해자 입장에서 가해자에게 "노"를 하든 조직에 이를 고지하든 뭔가를 하려면 자신이 당한 일이 성희롱이라는 걸 확신할 수 있어야 한다. 그래서 이를 입 밖에 내서 의사 표현을 할 때까지 이것이 성희롱인지 고민할 수밖에 없으며, 그 고민 끝에 의사 표현을 하기까지 피해가 반복되고 심화되는 게 보통이다.

썸인가,
성희롱인가

;   내가 삼성전기와 4년이나 인권위원회와 법정을 오가며 다툰 직장 내 성희롱 사건 역시 시작은 크게 다르지 않았다. 성희롱 행동만 제외하고 보면, 가해자는 딱히 나쁜 상사로 보이지 않았다. 고지받은 인사 담당자든 그 보고를 받는 인사 책임자든 원칙만 지켰다면 내가 법원과 국가기관에 도움을 청해야 할 만큼 커질 사안도 아니었다. 그들은 객관적 사실을 신속히 조사하고, 그에 따른 징계나 당사자 간 사과를 조치하고, 재발 방지를 위한 대책을 내놓아야 했다.

그러나 그들은 그렇게 하지 않았다. 당시 그들의 태도는 "이 정도가 성희롱 맞아?"와 "정말 성적 수치심을 느꼈다면 왜 이제 말하는데?" 같은 의문과 편견이었다.

성희롱 피해 당시 나는 30대 초반이었다. 이미 시작한 싸움에 집중하느라고 문제 삼지 않고 지나갔지만, 그 후로도 꽤 당황스럽게 내게 터치를 시도하거나 도발하는 사람들을 사회에서 만나야 했다.

30대 후반에 로스쿨에 진학해 나보다 훨씬 나이가 어린 친구들과 공부하면서 느낀 게 있다. 많은 이들의 머릿속에 '30대

싱글 여성'은 케이블TV 방송 프로그램 〈마녀사냥〉 같은 데 나와 과감한 발언을 할 수 있는, 소위 알 거 다 아는 여성으로 그려진다는 점이다. 학교에 가니 뭐가 더 심해져서 알게 된 것이 아니라, 그나마 학교 안에선 좀더 솔직한 소통이 이뤄지기에 알 수 있었던 사실이다.

어디서부터 문제라고 말하기 적당한 것인지, 아니 이런 도발을 해오는 사람들이 일관되게 하는 변명처럼 아무 의도가 없었는데 내가 예민해서 그런 것인지, 스스로 헷갈릴 지경이었다. 정말 내 머리나 목덜미를 만지고 엉덩이를 툭 치고 지나간 상사는 아무 의도가 없었는데, 내가 예민해서 몇 년이나 공들여 싸움을 하고 있는 것인지 걱정이 됐다. 존경하던 직장 선배들이 친근한 척 일일연애를 하자며 심각한 수위의 스킨십을 시도해오는 것에 경악하고, 이후 그들과 만나지 않게 된 내가 예민한 사람인 건지 혼란스러웠다. 언론이나 사회단체에서 더 나서도록 돕겠다면서 나에게 전 부인 욕을 해대는 정체 모호한 활동가가 이상한 건 나뿐인지 궁금했다.

싸우는 와중에 이런 일들과 마주할 때마다 그 자체로도 당혹스러웠지만, 그게 정말 내가 예민해서 이렇게 느끼는 건가를 돌아보는 일은 한층 더 당혹스럽고 모멸감이 들었다.

사실, 답은 그때도 알고 있었고 그때나 지금이나 결론도 같다. 다만 그 답을 얼마나 신속히 확신을 갖고 내릴 수 있느냐 정도의 차이가 있을 뿐이다. 고백건대, 요샛말로 '썸'이라고 불리는 모호한 관계도 40대인 내 눈엔 무슨 비겁한 변명이냐 싶다. '내 거인 듯, 내 거 아닌, 내 거 같은 너'라고? 정말 이런 느낌이 들었다면 그냥 그건 연애다. 쌍방이 연애라는 말로 합의하지 않았을지 몰라도 그런 감정에 일정 정도의 스킨십까지 오간다면, 그건 남녀 사이로 인식하고 있다는 뜻이다. 최소한 양방향 연애는 아닐지 몰라도 이렇게 느끼는 일방은 연애를 하고 있는 것이다. 단지 썸이라고 말하는 건 책임지는 관계라고 말하진 않겠다는 것뿐인데, 애당초 법적 관점에서 보면 연애는 책임 따위 없는 관계다.

그러니까 한마디로 '썸'은 서로 '연애'라고 확인하진 않았으나 친구라고 말하기엔 친구로서만의 감정이나 행태를 벗어난 상태를 일컫는다. 그리고 우리는 소위 썸 안에서 내 거인지 내 거 아닌지는 헷갈려도, 현재 관계가 최소한 썸을 넘어섰는지 아니면 그마저도 아닌지는 어렵지 않게 구별한다. 예민하면 잘 구분하고 예민하지 않으면 구분 못 하는 게 아니다.

그런데 희한하게도 사회적 관계망 안에 서 있을 때는, 어떤 행위가 일반적으로 통용될 수 있는 행위인지 아니면 성희롱에 해당하는지 규정짓기를 주저한다. 또한 그 행위가 내게 발생했을 때 그걸 저지하는 게 예민하다고 받아들여질까 봐 두려워한다. 대체 왜일까?

너의 목소리가 들리고
나의 목소리도 들린다

; 앞에서 언급한 인권위 사건에서 피해자는 가해자가 회식 자리에서 손을 잡는 행위보다 사무실에서 어깨 위로 팔을 디밀어 가슴에 닿을 듯 말 듯한 거리에 두는 행위가 훨씬 더 고통스러웠다고 말했다. 피해자는 이럴 때마다 엉덩이를 의자 끝에 걸치고 몸을 내려앉는 방식으로 누가 봐도 불편해함을 표현했다. 그러나 가해자는 끝내 모른 척했고, 피해자가 문제제기를 할 때까지 같은 행동을 반복했다. 형사재판에 회부된 후에는 피해자가 불편해하는 줄 몰랐다고 말했다.

서울대학교와 성균관대학교에서의 가해자들도 비슷한 입장이었다. 그들 역시 자신들의 행위는 실수였을 뿐 그럴 의도는 전혀 없었으며, 피해자가 성적 수치심을 느끼리라고는 상상도 못 했다는 반응이었다. 내가 문제제기했던 직장 내 성희롱 사건에서 역시 가해자의 입장은 크게 다르지 않았다.

그러면 피해자들은 어땠을까? 나를 비롯하여 피해자들은 공통으로 가해 행위가 시작된 처음부터 찜찜함을 느꼈다. 그럼에도 원만한 조직생활을 위하여 문제제기를 하지 않았다. 그럴수록 가해자의 행위는 더 심해졌다. 더는 참을 수 없는 지경에 이르기까지 자신이 예민한 것일까 봐, 정확히는 예민한 사람으로 비칠까 봐 침묵했다. 그런 침묵에 금이 간 건 누가 봐도 아니지 싶은 수준에 이르러서였다. 그런데 예민하다는 의혹은 흐릿해졌을지 몰라도, 주변 사람들의 '왜 이제야?'라는 의혹에 찬 시선에 맞닥뜨려야 했다.

얼마 전 TV에서 〈너의 목소리가 들려〉라는 드라마를 방영한 적이 있다. 한창 바쁠 때라 드라마를 챙겨 보진 못했는데, 남자 주인공이 타인의 마음속 생각을 들을 수 있는 초능력을 가졌다는 설정이었다. 일반인에게 그런 초능력이 있을 리 없다. 하지만 잘 생각해보면 우리에겐 정도가 다를 뿐 유사한 능력이 있다. 정말 친해서 일어나는 일인지 아닌지, 내가 예민해서 오해하는 것인지 아닌지 스스로는 다 알고 있다. 상대의 의도도 내가 갖는 감정도, 실은 잘 보이고 잘 들린다. 내 안의 목소리나 상대방의 목소리가 들리지 않는 것이 아니라, 상대방을 포함하여 나보다 우월한 힘을 가진 조직이 나를 예민한 사람으로 바라볼까 봐 안 듣거나 안 들리는 척하는 경우가 대부분이다.

   꼭 미국과 비교하고 싶지는 않지만 미국에서는 누군가 나를 만졌을 때 그것이 폭력인지 아닌지는 피해자의 주관적인 영역으로 존중한다. 즉 내 몸에 손을 댔다는 것까지만 입증하면 상대방의 의도나 만짐의 강도까지 입증할 필요가 없다. 안타깝게도 한국에서는 다르다. 법 규정은 그렇지 않더라도, 실제 법의 적용에서는 달라진다. 그리고 일반 사회 안에서는 더욱 엄격한 증명을 요구받는다.

   생각해보면 직장이나 학교에서 일어나는 성희롱, 강제추행 같은 일들은 성적 문제가 아니라 권력관계의 문제다. 요즘엔 우월한 지위를 내세워 아랫사람을 인격적으로 모독하는 '힘희롱'이라는 말도 등장했다. 쉽게 말해 자신보다 상대적으로 약자인 이들에 대한 배려와 존중, 예의의 문제다. 하급자가 상급자를 희롱하거나 침해하는 경우는 거의 없다. 갑으로부터 을을 향해 발생하고, 을은 저항하기 어려우니 자신이 느끼는 불쾌감조차 자기검열을 하는 것이다.

   그리고 그 사회 구성원은 갑을을 둘러싸고 을의 시선이 아닌 갑의 시선에 감정이입해 이러한 사건을 바라본다. 희한한 일이다. 사회 구성원 대다수는 갑이기보다 을인데, 우리 사회에서는 을들이 자신의 현재 위치에 감정이입하지 않고 가까이 지내고자 하는 위치에 감정이입한다. 그것이 유리하기 때문일 테지만, 분명히 잘못된 교육의 산물이다.

내가 당하는 일이, 내가 목격하는 일이 성희롱인지 아닌지 판단이 어려운 순간마다 생각해보자. 그 행위를 거꾸로 내가 직속상관이나 회사 대표에게 할 수 있는지 아닌지, 만약 하기 어렵다면 왜 그런지. 판단을 망설이게 하는 문제의 답이 거기 있다.

현실에서 나보다 강한 자를 향해 "노"라고 말하기는 쉽지 않다. 하지만 일이 더 심각해지기 전에 "노"라고 말할 수 있다면 그것은 현실적으로 가장 효과 빠른 대응이 될 것이다. 예민하다고 느껴질까 봐 "노"라고 말하거나 문제제기를 하기 두렵다면 조용히 눈을 감고 귀 기울여보자. 나의 목소리도 들리고 너의 목소리도 들렸다면, 예민해서 하는 행동이 아니라 용기 있어서 하는 행동임을 상기하자.

우리는 사회 안에서 누군가의 갑이고 누군가의 을인 수레바퀴의 삶을 살아간다. 갑을 대하는 순간보다 을을 대하는 순간, 나는 얼마나 배려하고 존중하는가를 돌아볼 필요가 있다. 그것이 나와 너의 목소리를 들을 수 있도록 내면의 귀를 맑게 하는 시작이다. 나와 너의 목소리를 잘 듣는다면 '예민한 게 어때서'라는 용기를 갖게 되고, 당당히 "노"라고 말하게 된다.

TALK 6

> 유부남
> 직장 상사가
> 나를
> 사랑한다고
> 말한다면

;　　내 사무실에는 상담하고 싶다는 전화가 꽤 자주 온다. 전화를 받은 직원이 적당히 걸러주곤 하는데, 한번은 여러 차례 상담 문의를 해온 사람이라며 연결해도 되겠느냐고 물었다. 내가 전화를 받았다. 떨리는 목소리의 젊은 여성이었다. 그녀는 자신이 당한 일이 법적으로 도움을 구할 수 있는 일인지 알고 싶어 했다. 하지만 아무리 변호사라도 누군가를 만나 기

억조차 하기 싫은 이야기를 하는 것이 맞는지 망설이고 있었다. 통화를 몇 번이나 하면서도 마음이 내키지 않는다며 약속을 잡지 못하다가 겨우 미팅이 이루어졌다.

서른 살 즈음의 그녀는 지독히 노력한 끝에 어떤 직장에 들어가게 되었다. 그런데 입사한 지 얼마 지나지 않아 유부남 팀장이 그녀에게 계속해서 구애를 해왔다. 팀장은 부서 내 다른 여직원한테서 고백을 받았으나 자신은 그녀가 좋다면서 내연 관계를 맺자고 졸랐다. 하지만 그녀는 남자 친구가 있었고 팀장에게 전혀 관심이 없었다. 부적절한 관계는 가질 수 없다고 그녀가 거절하자, 팀장은 태도가 돌변하여 그녀에게 회사를 그만두라고 협박했다.

처음에는 그녀도 어떻게든 팀장을 잘 설득해서 그 일을 덮고 싶었다. 하지만 팀장의 압박이 계속됐다. 그녀는 어렵게 결심하고 이런 사실을 회사에 알려 도움을 구했다. 회사에서는 그녀를 다른 부서로 옮겨주었다. 하지만 부서명만 바뀌었을 뿐 그녀가 하는 일의 보고라인이나 평가자는 여전히 그 팀장이었다. 회사에서는 문제의 팀장에게 3개월의 감봉 조치를 하였다며 회사가 할 일을 모두 했다는 입장을 그녀에게 전했다.

하지만 회사는 재발 방지 대책을 수립해야 하는 의무가 있음에도 그렇게 하지 않았다. 그녀에게 노동부나 인권위에 신고

할 수 있다는 안내도 하지 않았다. 물론 회사에 그런 것을 안내해야 할 법적 의무가 있는 것은 아니다. 그러나 회사가 피해자를 보호하고 지원할 의지가 있었다면, 피해자에게 눈높이를 맞춰 가해자를 대상으로 할 수 있는 합법적 조치들을 안내하고 충분히 조력할 수도 있는 일이다.

이후에도 팀장은 회사 지하주차장으로, 회의실로 그녀를 불러냈다. 혹시라도 증거가 남을 만한 문자 메시지나 카카오톡 메시지 대신에 구두로 퇴사를 종용했다. 회사에서는 자신을 꼭 필요로 하기 때문에 자신에게 잘못이 있더라도 절대 그만두게 하지 않는다는 말도 덧붙였다. 결국 그녀는 입사 3개월 만에 사직서를 내고 회사를 나왔다.

직위가 높아지면
남성적 매력도 높아지나

; 사회생활을 하면서 20대와 30대를 보내고, 40대에 성폭력 사건을 주로 맡는 변호사가 된 나에게는 이런 상황이 낯설지 않다. 특히 요즘 들어 더욱 흔히 보는 사건이다. 과거처럼 직장 상사가 하급 여직원에게 음란한 문자나 동영상을 보내거

나 몸을 직접 만지는 등의 전형적인 직장 내 성희롱보다는 연애를 가장한 직장 내 성희롱이 급부상하고 있다. 이미 결혼해서 아내와 자식이 있는 안정된 가정의 가장인 유부남 상사가 하급자에게 사랑한다는 감정을 내세우며 연애나 섹스를 요구한다.

이런 일은 직장 안에서만 일어나지 않는다. 대학에서 일부 몰지각한 교수들이 자식 같은 나이의 학생들을 향해 이런 행동을 하는 경우도 있다. 심지어 자신의 눈에 든 것이 영광인 줄 알라는 막말도 서슴지 않는다. 학점을 주거나 진로에 도움을 줄 수 있는 위치임을 강조하면서.

이런 종류의 가해는 보통 사람이 생각하는 것보다 훨씬 많고 흔하다. 꼭 직장이나 학교가 아니더라도 다양한 자리에서 다양하게 발생한다. 이런 일들을 몸소 혹은 사건으로 하도 많이 접하다 보니 나는 이런 가해자들의 상당수가 '가장확신범'처럼 느껴진다. '가장확신범'은 내가 지어낸 말이다. 원래 확신범은 자신의 행동이 범죄가 아니라고 굳게 믿고 행한 범인을 일컫는다. 그런데 앞서와 같은 가해자들이 하도 많다 보니, 그들이 혹시 자신의 행위가 타인에게 폭력이 될 수 있다는 것을 모르고 그런 게 아닐까 하는 궁금증이 들 지경이다. 아무래도 그럴 확률보다는 그렇게 믿고 싶은 것이 아닐까 싶어, 확신범인 척한다는 의미로 만들어본 단어다.

　내가 보는 이런 현상은 실은 내가 변호사라서 또는 내가 40대 비혼 여성이라 특별히 더 자주 접하거나 자주 겪는 것이 아니다. 절반 이상의 TV 드라마에서 이런 이야기가 그려지니 아마도 TV를 자주 보는 사람이라면 더 흔히 접할지도 모르겠다. 드라마에서는 남편이 어린 여성과 바람을 피우고, 그러다 들키면 '배 째라' 식으로 대처하는 장면이 등장한다. 그런 다음엔 상처받은 아내가 어렵사리 집 밖으로 나와 사회생활을 시작하고, 연하의 총각 실장님을 만나 20대 시절에도 받아보지 못한 헌신적인 구애를 받는 장면으로 이어진다. 남편의 바람이 현실이라면 아내의 '연애갱생'은 판타지다. 이런 드라마들이 끊임없이 만들어지는 것은 이걸 봐주는 시청자들이 존재하기 때문이다. 대한민국 남녀노소에게 이런 아이러니한 현상과 슬픈 판타지의 이중주는 낯익은 장면이다.

　수명은 늘어나고 욕망은 다각화된 사회에서 이런 판타지가 절대적으로 이해 안 될 바도 아니다. 오히려 이해가 안 되는 것은 현실이다. 실제로 유부남 상관이 비혼 부하 직원에게 연애하자고 껄떡거리는 일이 많지만, 한 직장 안에서만 놓고 보면 부지기수로 일어나는 일은 아니다. 이런 행위는 남녀 모두에게 도덕적으로 비난받는 일이다. 더구나 혼외 연애를 꿈꾸는 남자들의 기대나 그 아내들의 걱정과 달리 젊은 싱글 여성들, 특히나 일하는 여성들 입장에서 이미 결혼한 연상의 남자들은 매력적인 연애 대상이 아니다.

그런데도 꽤 많은 유부남 상사들은 자신의 부하 여직원들이 자신에게 이성적으로 호감을 느끼고 있다고 믿는다. 성희롱의 정도가 일정 수위를 넘어서서 형사 처벌의 대상이 될 수준에 이르러 고소를 하면, 수사기관에서 당사자 간 주장이 다른 경우 대질신문을 하기도 한다. 이때 성폭행 가해자들의 변명은 주로 세 단계로 이어진다. 안 했다, 기억 안 난다, 여자가 유혹했다. 마지막 단계에서는 사귀는 사이라는 주장이 이어진다. 그리고 사귀는 사이라거나 여자가 먼저 유혹했다는 주장의 근거로 그럴듯한 이야기를 한다. "커피를 타서 건넸다", "자신을 보고 유독 많이 웃었다", "페이스북에 올린 사진을 보여 준 적이 있다" 등 친절이나 친근감 정도의 표현을 내세우는 경우가 많다. 그걸 꽤 열심히 주장하고, 그런 얼굴을 가만히 들여다보면 제법 진지하기도 하다.

이렇게 유부남들이 싱글 여성을 대상으로 연애 또는 아내와는 다른 격정적 섹스를 구하는 한편, 연하의 싱글 여성들이 자신에게 먼저 신호(?)를 주었다고 착각하는 것은 꼭 조직 안에서만 일어나지 않는다. 업무나 사업상 갖게 된 자리, 친목을 도모하는 자리에서도 이런 일들은 종종 일어난다.

나의 경우에도 30대 중반을 지나면서부터 꽤 다양한 자리에서 유부남들에게 뜻밖의 대시를 받곤 했다. 그들은 "예쁘시다", "힘이 되어드리고 싶다", "사랑한다" 등의 말을 하며 소위 간을 보거나 스킨십을 도발했다. 처음엔 그저 그 자리를 정리하고 나면 다시는 만나지 않는 선에서 정리를 했다. 그런데 나이가 조금 더 들어서는 정색을 하고 "이보세요, 뭐라굽쇼?" 식으로 되받아쳐 주었다.

이때 그들이 보인 반응이 놀라웠다. 그들은 미안하다고는 했지만, 내가 저녁 자리를 함께하는 것만으로도 나 역시 자신에게 연애 감정이나 섹스 의사가 있는 줄 알았다는 것이다. 거기에 시선을 잘 맞추고 잘 웃는다는 것이 그들의 확신을 더해주었다. 더욱 놀라운 것은 직접적인 조직적 서열관계에 있지 않더라도 그들 대다수가 꽤나 그럴듯한 학벌과 사회적 지위로 나에게 도움을 줄 수 있다고 생각하고 있었으며, 그것을 연애적 매력과 치환해서 생각한다는 것이었다.

이렇게 사회적으로 우월한 위치에 있는 유부남들이 이런 생각을 하는 것은 안타까운 일이다. 모든 싱글 여성이 유부남을 절대 연애의 대상으로 바라보지 않는 것은 아닐 것이고, 세상에는 싱글 여성과 유부남 간의 진지한 연애관계도 엄연히 존재한다. 그러나 사랑이 갖는 배타성이나 신체의 생물학적 속성상 대다수는 비난받지 않을 안정적인 연애, 매력적인 상대를 선호한다. 남녀라는 성별의 문제를 떠나서 그렇다.

조직에서 상대적으로 낮은 서열에 있는 사람 입장에서 높은 서열에 있는 사람은 유리한 지위에 있는 연장자이고, 당연히 잘 보이고 싶은 대상이다. 남녀의 문제가 아니다. 이러한 양태는 지극히 당연한 것이다. 지나치게 오해를 불러일으킬 만한 행위는 주의해야 하겠지만, 본질적으로 부하 직원이 알아서 조심해야 하는 문제가 아니다. 아랫사람들의 마음을 역지사지로 이해하고 객관화하고자 노력하는 일은 지위나 계급이 높아질수록 당연히 떠안아야 할 책무다. 연애하고 싶은 마음이 가려서 그렇지, 실은 자신들도 잘 알고 있는 진실이다.

사랑을 가장한 잘못된 신호는
수신할 필요가 없다

; 이 사건의 여성은 직장 상사의 구애를 빙자한 폭력으로 직장마저 잃게 됐고, 그로 인하여 내면에 깊은 상처를 입었다. 다행이라고 할 수 있을지는 모르겠지만, 그녀는 가해자가

자신을 좋아해서 그렇다고는 생각도 하지 않았다. 하지만 상당수의 여성이 이런 것을 가해라고 인식하기까지 '그가 나를 좋아해서 그러는 건데…'라는 전제로 고민한다. 가해라는 걸 인식하고 문제제기를 하고 나서도 '그가 나를 좋아해서 그런 건가'라는 생각에 빠져 정신적으로 방황하고 고통받는다. 피해 여성들이 이런 가해를 즐기거나 좋아한다는 이야기가 아니다. 이해관계가 있는 가해자의 폭력이 사랑이나 연애라는 프레임에 덧씌워져 찾아오면, '나를 향한 타인의 좋은 감정을 냉정하게 차단하는 건 아닌가'라는 이상한 고민에 빠지고 망설임과 함께 마음 불편함을 겪게 된다. 그리고 이런 상태는 뫼비우스의 띠처럼 오래도록 반복된다.

그러나 깨진 거울로는 조각들을 아무리 잘 맞춰도 현상을 제대로 비출 수 없다. 왜곡된 현상을 진짜인 양 바라보면 자신을 고통스럽게 하는 실체를 바로 보고 괜찮은 대책을 세울 수가 없다. 상대가 기혼남이니 거들떠도 보면 안 된다는 류의 진부한 이야기를 하려는 것이 아니다. 내가 원하지 않는 섹스나 연애를 강요하는 것은 사랑이 아니라 폭력이란 이야기다.

이 사건은 가해자가 교묘해서 형사 처벌이 가능한 수위의 성폭력으로 고소장을 작성하기가 어려웠다. 대신 가해자가 보낸 "너를 좋아하는 내 마음이 문제이니 같이 못 다니겠다",

"회사에선 내가 나가는 것은 원하지 않는다", "자꾸 이러면 밟아버리겠다" 등의 문자들을 '정보통신망 이용과 개인정보 보호에 관한 법률'상 불안감 조성을 이유로 고소를 진행했다. 동시에 2,000만 원 이하의 소액으로 손해배상을 청구하는 민사소송을 검토하고 있다. 그리고 피해 여성에게 비공식적으로 조언하여 인권위원회에 해당 회사에 대한 진정서를 제출하게 했다. 성희롱 고지 후 부적절한 조치에 대한 것으로, 현재 결과를 기다리는 중이다.

결과를 떠나 현재 그 피해 여성은 울면서 나를 찾아왔던 날들을 딛고 조금씩 웃음을 찾아가고 있다. 자신이 당한 일이 피해였음을 밝히고 가해 주체들에게 문제제기를 하면서 나타난 변화다.

T A L K 7

데이트
폭력은
없다,
그냥 폭력이
있을 뿐

;　　　지난여름, 진보적인 페미니즘을 기조로 하는 인터넷 매체와 패션·뷰티를 중심으로 하는 여성 잡지에서 한 달 간격으로 연락이 왔다. 데이트폭력에 대한 기사를 쓰고 싶다며 인터뷰에 응해줄 수 있느냐고 물어왔다. 여성이 주된 독자라는 정도를 제외하면 둘은 전혀 다른 성격의 매체다. 각 기사의 초점이 데이트성폭력과 데이트폭력으로 조금 다른 부분이 있었

는데, 성폭력도 결국 폭력의 한 유형이라는 점에서 보면 전반적으로 데이트폭력이 최근 핫이슈이긴 한가 보다는 생각이 들었다. 그만큼 많이 일어나고 있지만, 그럼에도 아직 그 세부적인 개념이 정리되어 있지 않고 대처방안이 제대로 잡혀 있지 않기 때문일 것이다. 그런 생각을 하다 보니 오래전 기억이 떠올랐다.

'아이러브스쿨'이라는 사이트가 한창 유행하던 2000년대 초반의 일이다. 초등학교 6학년 때 반 모임에서 졸업한 지 거의 15년 만에 친구들과 재회했다. 그중에 연인으로부터 데이트폭력을 당하는 여자 친구가 있었다.

친구의 연인은 친구보다 한 살 많았다. 일찍 결혼했다가 이혼한 사람이었는데, 다섯 살짜리 아들을 그의 어머니가 돌봐주고 있었다. 뭘 하는지는 모르겠는데 일을 한다고만 들었다. 결혼의 조건을 자본주의적인 시각으로 재단하고 싶지는 않지만, 친구가 매달려야 할 조건이 딱히 있어 보이진 않았다. 게다가 친구의 연인은 걸핏하면 친구에게 폭력을 휘두른다고 했다. 친구의 자취방에서, 차 안에서, 지하주차장 구석에서, 동네 후미진 공터에서…. 장소도 다양했고 때리는 이유도 다양했다.

우리는 친구의 연인을 직접 본 적은 없었지만 친구를 통해 그에 대하여, 그의 폭행에 대하여 수시로 들었다. 그리고 가끔 친구의 얼굴이나 팔의 멍 자국, 정수리에 남은 피딱지에서 폭행의 흔적을 더듬을 뿐이었다. 친구가 맞았다는 이야기를 하며 울 때마다 우린 술을 사며 위로했고, 그와 헤어지라고 이구동성으로 조언했다. 하지만 친구는 계절이 두 번 바뀌도록 연인과 헤어지지 않았다. 그의 폭행은 여전했다.

그러던 어느 날 자정을 넘겨 그 친구로부터 전화가 왔다. 원래 밤 11시 넘어서는 전화를 거의 받지 않는데, 왠지 찜찜해서 그날은 전화를 받았다. 받자마자 친구의 다급한 목소리가 들려왔다.

"은의야. 나 건대 근처 호프집인데 지금 숨어 있어. 어떻게 해…."

"왜? 무슨 일이야?"

"오빠 친구랑 셋이 한잔하기로 했는데 나랑 오빠 친구가 좀 일찍 도착해서 먼저 맥주 마시고 있었거든. 근데 좀 있다가 내가 화장실 다녀오는데 그 앞에 서서 기다리고 있는 거야. 내가 헤프게 굴었다면서 갑자기 얼굴을 때렸어. 그러고는 친구한테 얘기하고 올 테니 기다리라고 하기에, 난 일단 도망쳤어. 나 지금 근처 주차장에 있어."

친구가 울먹이며 말했다. 택시 타고 우리 집으로 오든가 내가 당장 갈 테니 어딘지 알려달라고 하는 중에 친구가 다급하게 그가 온다고 외쳤다. 그리고 이내 비명과 함께 전화가 끊겼다.

걱정이 돼서 머리가 터질 것만 같았다. 밤새 전화를 계속 걸었지만 친구는 받지 않았다. 나는 친구네 집이나 부모님의 연락처를 알지 못했다. 친구가 전화를 건 건대 근처 호프집이 대체 어딘지도 듣지 못했다. 친구의 연인이란 작자의 이름 석 자도 몰랐다. 이 다급한 상황에 아무런 행동을 하지 못한다는 것이, 뭘 하고 싶어도 할 수 있는 게 없다는 것이 한심했다. 지금 같으면 이름과 휴대전화 번호만으로도 경찰에 신고를 했겠지만, 그때는 그럴 수 있다는 생각도 하지 못했다. 동이 트오고 출근 시간이 되도록 친구는 전화를 받지 않았다.

출근을 해서도 나는 계속 전화를 걸었고, 무심한 통화연결음만 반복될 뿐 친구는 여전히 전화를 받지 않았다. 오후가 되자 나의 참을성도 바닥이 났다. 30분만 더 기다려보고 연락이 되지 않으면 일단 신고를 하겠다고 친구에게 문자를 보냈다. 그러고 나서 10여 분 후에 친구에게서 전화가 왔다. 친구는 전날 "정강이를 까이고", "하도 두들겨 맞아" 몸을 움직일 수 없을 지경이라고 했다. 내가 "당장 신고를 하자", "헤어져라" 길길이 날뛰었지만, 그 친구는 연인 대신 변명을 늘어놓았다. 매번 때리고 나면 "내가 너를 너무 많이 좋아하다 보니 눈이 돌아가서 나도 모르게 그랬다"면서 많이 미안해한다는 것이다. 그런 대화가 멈추지 않는 설국열차처럼 30분이 넘게 반복됐다.

　이 일로 인해 나는 데이트폭력 피해자들에 대한 오해와 편견을 갖게 되었다. 즉 연인으로부터 맞는 여성들은 폭력으로부터 벗어날 의지가 없거나 자신을 사랑하는 마음이 부족하다고 생각하게 된 것이다. 피해자들이 왜 그렇게 되었는지를 들여다보기엔 내가 너무 어렸고 심적으로도 지친 상태였다. 그날 나는 친구에게 그놈과 헤어지거나 그놈을 신고할 마음이 없다면 앞으로 연락하지 말라고 화를 내며 전화를 끊었다. 그 친구도 답답했지만, 지금 돌아보면 나도 어리고 철이 없었다.

데이트폭력이란 말의
함정

;　　잡지와 인터뷰를 하는 날, 자연스럽게 데이트폭력을 당하던 그 친구와 그날의 상황들에 대해 이야기하게 됐다. 그러자 기자가 데이트폭력에는 어떻게 대처해야 하는지를 물었다. 그 질문에 내가 반문했다.

"데이트폭력이란 게 따로 존재할까요?"

"네?"

데이트폭력 대처법을 묻는데 '데이트폭력이 뭐예요?'라고 되물은 셈이니 어리둥절할 만했다.

"데이트폭력이 아니라 그냥 폭력이겠죠. 물론 데이트 과정에서 사랑싸움 또는 사적인 다툼을 빙자하여 자행되는 폭력을 의미하는 용어라는 걸 압니다. 하지만 그걸 데이트폭력이라고 부르는 것 자체가 다른 종류의 폭력이란 의미로 주입될 수 있어요. 변호사 입장에서 그건 그냥 폭력일 뿐입니다."

연인한테 주기적으로 심하게 매를 맞던 친구와 마지막으로 통화할 때 말하고 싶었지만 차마 하지 못했던 말이다. 그때는 친구가 듣고 싶어 하지 않는데 굳이 이야기해야 할까 하는 생각이었다. 지금 와 돌아보니 후회가 된다. 친구가 듣고 싶어 하든 말든 이 말을 해주었더라면 좋았을 것을…. 경찰에 신고하고 그와 헤어지게 하고, 친구는 적당한 상담치료를 받도록 좀 더 설득을 했으면 어땠을까 싶다.

당시 내가 설득을 포기해버린 이유는 그 가학적인 관계가 친구에게는 '그가 날 사랑해서', '혹시 내가 잘못해서', '그럴 사람이 아닌데 내가 뭘 잘못해서'라는 말들로 포장되어 있었기 때문이다. 그런데 데이트폭력은 사랑해서 일어나는 것이 아니다. 맞는 사람이 뭘 잘못해서 일어나는 것은 더더구나 아니다.

다 큰 어른들에게 '연인 사이'라서 때릴 만한 잘못이라는 것이 존재할 법한지 생각해보자. 인간의 신체에 대한 물리력 행사는 이유를 불문하고 허용될 수 없다. 학교나 국가도 마찬가지다. 대체 어떤 이유가 있으면 연인 사이에 '맞을 짓'이 되고 합리화가 되는 걸까?

안타깝게도 이런 폭력에 노출된 상당수의 피해자는 충격 때문에 이런 일이 발생하기 전보다 더 문제를 객관적으로 판단하지 못한다. 내가 관련 업무를 하다가 느끼게 된 것은 연인으로부터 받는 폭력은 자존감을 무너뜨린다는 점이다. 연애를 한다는 것이 주는 특별함은 자신이 누군가에게 매우 소중히 여겨진다는 것이다. 자존감을 곧추세워주던 관계에서 일어난 폭력은 오히려 자존감을 박살 낸다. 그런 상황에 직면한 피해자에게는 방어기제가 작동한다. 그가 나를 때린 것은 어쩔 수 없는 일이었고, 나를 사랑하지 않아서가 아니라는 해명으로 자존감을 유지하고자 하는 것이다. 다시 말해 데이트폭력 앞에 피해자들이 무력해지는 것은 어디가 모자라거나 피가학적인 성향이 있기 때문이 아니다. 심신이 모두 깊이 상처 입었기 때문이다.

일반적으로 우리 사회에서는 특수한 관계에서의 폭력은 그 발생이나 과정, 결과를 관계에 기반하여, 아니 관계에 얽매여 판단하는 경향이 있다. 데이트폭력은 데이트 중 발생하는 사건·사고의 갈래가 아니다. 그냥 '폭력'이다. 데이트를 빙자한 폭력이란 말이 더 정확하고, 조금 더 노골적으로 이야기하자면 계속 맞아주니 계속 데이트를 하는 것이기도 하다.

변호사의 시선에서 보면, 가해자들이 하는 "그녀를 사랑하는데 나도 내가 왜 이러는지 모르겠다"라든가 "그녀를 너무 사랑해서 그러는 거 같다"라는 말은 정신적인 결함 여부를 떠나 비겁한 변명이다. 생각해보라. 그렇다면 그들은 왜 자기보다 힘센 사람들을 사랑하지 않았던 걸까? 그런 변명 자체가 가해자들이 연애라는 우산을 씌우고 안전하게 때릴 수 있는 상대를 물색한 것이고 그 귀결이라는 것을 분명하게 할 뿐이다. 그러니 가해자 입장에서도 데이트폭력이 아니다. 데이트는 그저 폭력을 행사하기 위한 장치에 불과하다.

데이트폭력을 근절하는 방법은 발생 초기에 그 관계를 차단하거나 신고 절차를 밟는 것이다. 그러려면 그 행위를 '데이트+폭력'으로 바라보는 것이 아니라 폭력 그 자체로 바라보는 것이 중요하다. 폭력에 앞서 데이트하는 관계를 먼저 생각하면 그 폭력이 발생한 특별한 감정적 배경이나 상황을 고려해야 할 것만 같은 프레임이 덧씌워진다. 그렇게 되면 주객이 전도되어, 폭력에 대한 대처를 고민하기보다 가해자의 입장을 먼저 고민하는 모순이 발생한다.

연인관계에서 자존감이 무너지면
순간순간 자책감이 발동한다

;   데이트폭력을 직접 경험해보지 않았다고 해서 내가 특별히 현명한 사람이라는 얘기가 아니다. 또한 책에 이런 이야기를 하는 것이 남의 말이니까 쉽게 하는 것은 더더욱 아니다. 변호사가 된 후 다혈질인 남자와 잠시 교제한 적이 있었다. 평소엔 다정하고 섬세하지만, 그 섬세함이 화가 나거나 짜증이 나면 다소 공격적으로 표현됐다. 그렇다고 물리력을 행사한다거나 험한 말을 한 것은 전혀 아니었다. 그저 성격이 급하고 예민할 뿐이었다. 다만 문제는 나에게는 매우 낯선 유형의 연인이란 점이었다.

만난 지 오래 지나지 않아 우리가 서로를 좋아하더라도 서로를 행복하게 할 수 있는 조합이 아니라는 판단을 하게 됐다. 상대방도 나로 인하여 어려운 점이 있었겠지만, 평소의 다정함과 안 좋을 때의 엄격함 간에 차이가 너무 크다 보니 그의 의도가 무엇이든 내 쪽에선 계속 상처를 받았다. 내 쪽에서도 같이 화가 나야 할 것 같은데 그렇게 되지가 않았다. 잘못을 계속 지적받으니 이상하게도 심리적으로 위축이 됐다. 고심 끝에 헤어지자고 정중히 편지를 썼다. 만난 기간이 길지 않으니 좋은 친구로 돌아갈 수 있으리라 생각했지만, 상대방은 계속 화를 냈다. 그는 여전히 나의 단점과 잘못을 지적했고, 그 전화를 끝으로 우리는 단절됐다.

  이 짧은 만남이 끝나고 한동안 이상한 방황을 겪었다. 과거에 연애가 끝났을 때는 겪어보지 못한 일이었다. 이런 마무리만으로도 충격이 컸다. 한동안 '원래 그 친구는 그럴 사람이 아닌데 정말 내가 잘못해서 그런 건가'라는 생각 때문에 허우적거렸다. 헤어짐은 언제나 상실감을 불러일으키고, 놓아버린 인연에 대해서는 아쉬움이 따르기 마련이다. 하지만 당시 나는 상실감이나 아쉬움보다 머리를 맞은 듯 멍한 상태에서 끝없는 자책감에 시달렸다. 내가 과도한 반성의 뫼비우스 띠 위를 헤매고 있었음을 제대로 발견한 것은 그를 만나서 헤어지기까지의 시간보다 더 긴 시간이 흐른 뒤였다.

  이 경험을 통해서 간접적으로나마 나는, 영문을 모른 채 폭력적인 상황에 노출된 여자들의 심리를 조금이나마 이해하게 되었다. 그녀들에게는 연인에게 폭력을 당했다는 사실보다 '그가 나를 사랑하는데 왜 그랬을까? 내가 뭘 잘못했을까'라는 의문이 더 크게 다가온다. 그런 다음에는 '내가 잘못하지 않았는데 그가 날 때릴 리 없어', 나아가서는 '내가 잘못해서 때린 것이어야만 해' 같은 심리적 정당화의 과정이 이어진다.

 이렇듯 데이트폭력이 발생한 초기에 설정을 잘못해놓으면 폭력이 일시적인 현상이라고 착각하게 된다. 그리고 이후 두 사람 사이에 폭력은 습관이 된다. 습관이 된 폭력은 정도가 점점 더 심해진다. 그럼에도 충격으로 멍해진 피해자는 그 충격이 채 가시기 전에 계속해서 다음 충격을 이어가면서 점점 더 멍해져 심리적 정당화의 길을 끝없이 돌게 된다. 거기에 폭력의 정도가 심각해 상대에 대한 공포까지 더해지면, 피해자는 제삼자와 제도의 도움 없이는 그 폭력적 관계에서 벗어나기가 어려워진다. 데이트폭력은 발생 초기에 조속히 대처해야 하고, 그러려면 발생한 문제의 본질이 연인관계에 있는 것이 아니라 폭력에 있음을 상기해야 한다. 데이트폭력이 아니라 그냥 폭력으로 인지해야 하는 이유다.

알콩달콩 즐거워야 할 연애의 기억이
뼈아픈 상흔으로 남지 않도록 하려면,
저마다 자기가 원하는 바를 잘 들여다보고
아닌 것은 아니라고 말할 수 있어야 한다.

TALK 8

사랑한다는 이유로 그가 원하는 걸 다 들어줘야 할까?

;   2015년에 맡은 사건 가운데에 헤어진 전 남자 친구가 인터넷 사이트에 자신과의 성관계 동영상을 업로드한 사건이 있었다. '소라넷'이니 '맨존'이니 하는, 음란물을 잔뜩 취급하는 사이트였다. 보통 사람이 들으면 "어머나" 할 일이지만, 이 사건의 피해자를 도와주고 있는 여성단체 활동가나 변호사인 내 입장에선 그다지 특이한 사건도 아니다. 기술이 발달하여 휴

대전화로 사진이나 동영상을 쉽게 찍을 수 있다 보니, 예상외로 많은 이들이 연인관계에서 상대방의 나체 사진이나 성관계 동영상을 찍는다. 그런데 이것이 헤어지는 과정이나 그 후에 말썽이 되는 경우가 많고, 이런 사건은 비슷비슷하게 종종 일어난다.

이 사건의 피해자는 20대 여성이었다. 2년여의 교제 끝에 피해자가 헤어지자고 했으나 가해자는 6개월 이상 이에 응해 주지 않으며 온갖 모욕성 발언과 협박을 서슴지 않았다. 상담을 하는 동안 피해자는 가해자를 원망하면서, 가끔 동영상을 찍는 줄 알면서도 이를 방관하고 삭제했으려니 하며 방치했던 것을 몹시 후회했다.

사랑을 나누는 과정의 영상이 헤어진 후에 음란물 사이트에서 돌아다니게 된 건 절대로 피해자의 잘못이 아니다. 하지만 행여라도 이러한 피해에 노출되는 일이 없도록 대비할 수 있다면 더 좋을 것이다. 나는 피해자를 위로하면서 두 가지 이야기를 전했다. 첫째는 이 사건은 데이트성폭력으로, 가해자가 한 행위는 범죄라는 것이다. 둘째는 섹스 동영상이나 나체 사진을 찍는 것에 대해 본인이 원하지 않는다면 절대로 허용해서는 안 되고, 연인관계라 하더라도 그 즉시 단호하게 대처해야 한다는 것이다.

사랑할 때 찍은 영상이
음란물로 돌아오다니

; 　최근 들어 이런 범죄가 현실에서 흔히 일어나고 있지만, 우리는 어디에서도 이에 대한 대처법을 배울 기회가 없다. 그러다 보니 연인과의 관계가 나빠질까 봐 알면서도 그냥 넘어가는 사람이 많고, 이런 영상물들이 후에 문제가 되는 경우가 생긴다. 이로 인하여 피해자는 너무나 큰 고통을 겪는다.

피해자가 내 조언을 공감하며 들어주는 바람에 몇 마디 덧붙였다.

"그런 걸 찍는 놈들은 한결같이 '너를 보고 싶을 때 보려고 그런다'라고 말하죠. 그런데 그런 걸 찍고 싶어 하는 놈들은 상대를 보고 싶고 기억하고 싶은 게 아니에요. 그냥 그런 걸 찍거나 보길 좋아하는 놈들일 뿐이죠."

지나간 사랑에 재를 뿌리려는 게 아니다. 내가 원하지 않는 것을 허용하는 것은 사랑이 아니고, 상대가 원하지 않는 것을 강행하는 것 역시 사랑이 아니기 때문이다. 모든 추억이 아름다워야 할 이유도 없다.

사건·사고라는 게 피해자 혼자 조심한다고 피해지는 것이 아니다. 다만 이런 종류의 데이트성폭력 피해는 노력을 통해

잠정적 피해자가 될 가능성을 조금이라도 줄일 수 있다.

알콩달콩 즐거워야 할 연애의 기억이 피해자로서 뼈아픈 상흔으로 남지 않도록 하려면, 저마다 자기가 원하는 바를 잘 들여다보고 아닌 것은 아니라고 말할 수 있어야 한다. 갈망의 눈길을 보내는 상대방에게 "노"라고 외치고, 촬영하는 행위 등을 적극 저지해야 한다. 실전에서는 쉽지 않지만 노력해야 한다.

내가 그렇게 했는데도 강요하는 상대는 나를 진짜 사랑하는 것이 아니다. 이런 노력을 해나가다 보면 그 강요의 본질도 들여다볼 수 있게 된다.

그리고 일단 문제가 발생했을 때, 이를 처리하는 과정에서 피해자는 자신에게 책임을 지우려 해서는 안 된다. 그 책임은 당연히 가해자가 져야 한다. 물론 피해자가 되기 전에 이러한 일들을 예방할 수 있다면 그것이 최선이다. 하지만 안타깝게도 피해자가 된 후라면 이런 사고에서 나를 위한 교훈을 얻어야 제대로 치유될 수 있으며, 더 건강한 사랑을 다시 시작할 수 있을 것이기에 하는 이야기다.

내 의사에 반한 행위는
사랑해서 하는 게 아니다

;   다행히 이 사건의 가해자는 기소가 됐다. 영상 속에서 피해자를 알아볼 만한 신체적 특성이 두드러졌고, 촬영 각도상 전 남친인 가해자가 촬영한 게 분명했기 때문이다. 가해자가 연애 막바지에 내뱉은 욕설이나 헤어진 후의 협박도 인정이 되었다. 그러나 해당 영상의 유포에 대해서는 증거불충분으로 기소가 되지 않았다.

이 사건의 전개와 결과는 모두 최근 여성단체와 일반 여성들이 함께 싸워나가고 있는 소라넷 '폭파'가 왜 필요한지를 보여준다. 소라넷 등에 업로드된 범죄 영상들은 게시와 재생이 수없이 반복된다. 하지만 해외에 계정을 둔 탓에 압수나 수색이 불가능하고 따라서 그 업로드의 경로를 밝혀줄 IP주소를 확보할 방법이 없다.

최근 우리 사회에서 몰래카메라가 문제 되고 있지만, 정작 더 큰 문제는 이렇게 가장 가까운 사람한테서 일어나는 촬영이나 도둑촬영, 그 유포다. 따라서 찍는 것은 물론이고 찍히는 것에도 주의가 필요하다. 어느 일방이라도 원하지 않는데 촬영한다면 그 순간 성폭행이 되며, 서로 원해서 촬영했다 해도 어느 일방이 이를 협박에 사용하거나 유포하면 폭행이나 성폭행이 된다. 그리고 소위 데이트폭력이 그저 폭력인 것과 마찬가지로, 데이트성폭행 역시 그저 성폭행일 뿐이다.

데이트 중이든 아니든, 데이트하는 상대에 의한 것이든 아니든 강제적인 스킨십이 발생하려 할 때는 나의 욕망과 바람을 온전히 돌아보아야 한다. 그리고 이를 솔직하게 표현하여 상대와 공유해야 한다. 그래야 더 자유롭고 풍성한 연애가 되지 않겠나. "네가 조금 '덜' 원하지만 내가 박력 있게 '확' 했어", "내가 널 사랑해서 어쩔 수가 없었어"라는 말은 너무나 진부하다. 그 진부한 말에 의지해서 가해자의 행위를 정당화해서는 안 된다.

나의 의사 표현이 확실했음에도 상대가 성관계든 스킨십이든 강행했다면 당신은 사랑을 받고 있는 것이 아니라 범죄를 당하고 있는 것임을 깨달아야 한다. 나를 정말 아끼고 존중하는 연인과의 만남을 위하여, 가해자와 데이트하는 일은 지금 당장 멈춰야 한다.

TALK 9

연애가
끝난 뒤
스멀스멀
피어오르는
데이트
성폭력의
의혹

; 최근 들어 데이트성폭력에 대한 사건 보도도 많고 담론도 많아졌다. 어느 여성단체 활동가가 농담 반 진담 반 한 말처럼, 모든 한국 여성의 첫 경험이 데이트성폭력이라는 게 과언이 아닐 정도다. 예나 지금이나 스킨십에 적극적인 여성이 헤픈 여자 취급을 받는 이 나라에서, 스킨십에 대한 여성의 "안 돼요"가 "안 돼요, 돼요, 돼요"로 취급받는다는 건 생각할

예민해도 괜찮아

가든〉이란 드라마가 있었다. 그 드라마를 두고 여성계에서 우려의 목소리가 제법 높았다. 그렇지만 사람들은 드라마는 드라마로 보라고 심드렁한 반응을 보였고, 나 역시 이 드라마 방영 시간을 오매불망 기다리며 애청한 사람 중 하나였다.

하지만 이 드라마에는 그런 지적을 받을 만한 점이 분명히 있었다. 사회지도층(어쩌다 돈 많은 재벌이 사회지도층이 된 것인지 동의하기 어렵지만) 현빈과 극빈 청춘 하지원이 연애를 시작하기까지의 관계가 지나치게 일방적이고 폭력적이라는 점이었다. 지금도 두고두고 기억에 남는 장면이 있는데, 워크숍을 갔던 숙소에 둘만 남은 상태에서 현빈이 하지원을 강제로 침대에 눕히고 안는 장면이었다.

애당초 이 드라마에서 현빈과 하지원이 사랑하게 될 운명임이 전제되어 있지 않았거나 남자 주인공이 현빈이 아니라 우락부락하게 생긴 남자배우였다고 해보자. 그러면 이 장면에 왜 많은 사람이 우려를 표현했는지가 좀더 명확해진다. 그 장면에서 여자의 심리상태는 남자에게 마음이 없거나 설령 마음이 있더라도 아직 연애를 시작하거나 스킨십을 받아들일 준비가 되어 있지 않다. 이는 여자만이 아니라 주인공 남자도 알고 있다. 그 상태에서 자본의 우월함과 물리적 우위를 점한 남자가 여자가 몸담은 조직에 워크숍 장소를 제공한 뒤, 그 장소에 그녀만 남겨두게 해 추행을 하는 형국이다. 나중에 여자가 고소를 하더라도 돈 많은 남자의 변호사가 "여자가 무술하는 스턴트우먼이니 충분히 저항할 수 있었는데 그러지 않았다"라고 주장할 것이 예상되는 장면이었다.

  이 장면에 더는 반론을 제기하지 않고 조용히 드라마를 보기로 한 것은 순전히 남자 주인공이 현빈이었고, 남녀 주인공이 서로 좋아하게 된다는 것을 이미 알고 있었기 때문이다. 이런 생각으로 비판적 시각을 버리고 그저 행복한 시청자가 되리라 결심하였음에도, 하지원의 남자 선후배들이 그 워크숍 장소에 하지원만 덩그러니 남겨두고 갔다는 사실은 그 장면보다 더 찜찜했다.

  그즈음 방송된 한 예능 프로그램에서 기혼과 비혼의 두 개그우먼이 출연하여 한 발언을 들었을 땐 경악을 금치 못했다. 여자들은 엘리베이터나 복도에서 현빈처럼 약간 강제로 적극적이고 일방적으로 포옹이나 키스 당하는 것을 좋아한다는 발언이었다. 드라마 속 하지원의 선후배들이 보인 행동은 그들이 앞으로 전개될 내용을 이미 알고 있다는 가정하에서만 정당화될 수 있고, 두 개그우먼의 발언은 포옹이나 키스를 하는 상대방이 여성도 좋아하는 사람이라는 전제하에서나 납득될 만한 발언이다.

상상해보라. 〈시크릿 가든〉이 로맨틱 코미디 장르였기에 망정이지 만약 범죄 스릴러 장르였다면 어땠겠는가. 모두가 떠난 워크숍 장소에서 현빈은 하지원을 폭행하거나 강간하려 하고, 이에 하지원이 저항한다. 그러다가 하지원이 살해당하거나 심하게 다치는 상황으로 전개될 수도 있지 않겠는가. 드라마 안에서 선후배들의 행동은 그야말로 결과가 좋았기에 문제가 되지 않을 수 있었다.

그런데 돌아보면 설정이 다소 다를 뿐 현실에서도 이런 일들이 드물지 않게 일어난다. 남자는 성적 욕구라는 측면에서 여자의 감정보다 자신의 감정에 충실한 경우가 많다. 그 순간 남녀의 감정이 함께 움직인다면 다행이지만, 그렇지 않은 경우 여자는 이를 거부하는 것이 관계에 나쁜 영향을 줄까 봐 걱정한다. 또는 거부해보지만 역부족인 상황을 경험하게 된다. 이처럼 존중받지 못한 상황들이 이어지는데도 제대로 항의하지 못하고, 헤어지지도 못하는 경우에 상대방은 이제 여자의 거부가 속마음은 아닐 것이라고 멋대로 믿어버린다. 그리고 당사자들 간에 데이트성폭력과 애정 표현은 그 경계가 점점 더 모호해진다.

데이트 중일지라도
내 마음의 소리를 듣자

;　　변호사나 여성단체를 찾아 상담을 할 정도의 데이트 성폭력 사안은 정말 심각한 수준의 피해인 경우가 많다. 연인 관계이거나 친한 관계였던 경우에 이처럼 모호한 경계선에서 방황하지 않고 자신이 당한 일이 성폭력임을 인지하고 신고했을 때는 특히 그러하다. 그럼에도 아주 간간이, 사귀고 있을 때 결별이나 다툼의 원인이 되지 않았던 일들을 헤어진 후에 돌아보며 데이트성폭력이라고 생각하는 이들도 있다. 이런 이들은 거짓말을 하는 경우보다는 자신이 정말 데이트성폭력을 당했다고 생각하는 경우가 대부분이다. 사귀던 당시 여성 입장에서 원하지 않았고 어느 정도 거부도 해보았으나 강행되었던 행위들이, 교제가 진행되는 중에는 모호한 경계선상의 행위들인 양 흐지부지돼서 애정 표현으로 여겨졌으나 헤어지고 나서 돌아보니 다르게 보이는 경우다.

　　법이 아닌 사회학적 관점에서 바라본다면 사귀는 관계였든, 기존에 성관계를 몇 번이나 가졌든, 또 스킨십이나 성관계가 진행 중이든 아니든 상대방이 원치 않고 이를 표현했는데도 강행한 모든 행위는 폭력이다. 따라서 비난받아 마땅하다. 다만 한국에서 데이트성폭력의 법 적용은 사회학적 관점이나 도덕적 관점과는 다르다는 이야기다. 여느 범죄에서와 마찬가지로 누군가를 범죄자로서 처벌하는 것은 국가 사법권을 발동하는 일이기 때문에 적용과 행사에 엄격할 수밖에 없다. 그리고 그 과정에서 항상 입증 문제가 대두된다.

일반적으로 연인관계가 아닌 사이에서 발생한 성폭력 사건은 범죄 현장에서 신고가 돼서 경찰이 바로 현장에서 증거 수집을 한다. 그렇지 않더라도 산부인과 등의 진단서나 가해자와 주고받은 항의 문자 등이 증거로 남을 확률이 높다. 그러나 데이트가 지속되는 남녀의 경우 성폭력 발생 직후 신고하는 일도 드물뿐더러, 이후 진단서를 발급받는 일도 거의 없다. 대개는 성폭력 발생 전후로 계속해서 달달하거나 일상적인 문자가 이어져 오히려 가해한 상대방이 아무 일도 없었다고 제출하는 증거로 악용된다. 즉 증거 불충분이나 혐의 없음으로 끝날 확률이 일반 성폭행보다 높다.

사귀는 동안에는 피해자가 문제 삼지 않았던 행위들에 대하여 헤어진 후에 당시 원하지 않았었노라 주장하는 경우, 한국에서는 대개 현실적으로 형사 처벌을 하거나 민사상 손해배상을 받기가 쉽지 않다. 당일에 입었던 옷이 찢어지고 산부인과에 가서 진단서를 받아두었다든가 또는 경찰에 신고를 했다거나 물리력을 행사해서 모텔에 억지로 끌고 가는 CCTV 화면이 존재한다거나 하는 증거가 없는 한 그러하다. 형사든 민사든, 기소하거나 배상받으려는 쪽에서 입증 책임을 지기 때문이다.

따라서 연인과의 데이트 도중이라 하더라도 내 마음의 소리에 귀를 기울이고 원하지 않을 땐 분명히 거부 의사를 표현하는 것이 중요하다. 말하지 않아도 알 거라고 생각했다거나 동의하지 않았다고 나중에 말하는 것으로는 충분하지 않다. 그럼에도 나의 의사를 존중하지 않고 강제하는 성폭력이 끝내 발생하였다면, 될 수 있는 대로 빨리 신고하고 상대에게 정식으로 항의하고 증거를 확보해두어야 한다.

일방적인 데이트성폭력이든 합의된 데이트 성관계든 무엇보다 중요한 것은 발생 후가 아니라 그 순간이다. 그 순간, 데이트 관계에 천착하지 말고 내 마음의 소리에 집중하고, 원하는 바에 충실해야 한다. 원하지 않는다면 싫다고, 멈추라고 분명히 표현해야 한다.

그런데 그 순간 망설여지거나 그 후로도 말하지 못하는 이유는 상대방과 관계를 끝낼 마음이 없는데 그 거절로 관계가 나빠질까 봐 우려하는 여린 마음 때문이다. 이럴 때 잘 생각해보자. 내가 원하지 않는데도 자신의 욕망 때문에 내가 진심으로 몸과 마음을 열 때까지 기다려주지 못하는 남자가 과연 나를 사랑하는 것일까. 더구나 상대방과 잠시 만날 것이 아니라 더 많은 미래를 기대한다면, 서로 존중하고 배려하며 소통하는 일은 필수불가결의 조건이다. 내가 행복하지 않은데 혼자만의 행복을 추구하는 상대를 나는 얼마나 오래 사랑하고 함께할 수 있을지 돌아보자. 시작하는 연인 사이라면 특히 '노'는 관계를 끝내는 단어가 아니라 소통을 시작하는 단어다. 망설이는 내 마음의 소리를 듣는 것에도, 멈추라는 표현을 하는 것에도 평소 노력과 연습이 필요하다.

연애는 시작만큼이나
마무리도 중요하다

; 법리적인 측면을 떠나, 이미 끝난 연인관계라 하더라도 잘못이 있다면 바로잡는 것이 마땅하다. 다만 이별로 인한 상처를 연애 당시엔 모호하게 걸려 있던 기억으로 사후 구성하는 것은 아닌지 스스로 꼼꼼히 점검해야 한다.

연애는 설레던 시작과 달콤했던 중반부를 거쳐 마침내는 지난해져 버리면서 끝난다. 못 만나면 죽을 것 같던 사람과 정들었는데, 아이러니하게도 이젠 안 만나는 것이 만나는 것보다 나을 것 같을 때 우리는 헤어짐을 선택한다. 과거가 된 세상의 모든 연애가 그러하다. 헤어진 후에는 떠난 상대가 그립기도 하고 원망스럽기도 하다. 그 과정에서 좋을 땐 묻어두었던 미진하고 모호했던 기억들이 고개를 든다. 그리고 동시에 억울한 마음이 밀려온다.

안타깝게도 모든 것을 함께하던 연애가 끝나면, 잘 헤어지는 것은 이제 혼자만의 몫이다. 잘 헤어지는 것이란 궁극적으로 연애를 계속할 때보다 행복해지는 것이다. 연애 과정은 때론 아름답고 때론 아름답지 않은 날들로 채워져 있다. 헤어지고 돌아보면 아프고 씁쓸했던 알록달록한 과거의 기억이 시간이 지나 현재의 추억으로 편입된다. 그런 즈음이 되면 추억이 진행되던 날들은 어느새 참 좋았던 시절이 되고, 그러면 궁극적으로 행복해진다.

연인관계가 지속될 때는 애정 표현이라 여겼던 일이, 다시 보니 성폭력이 분명하다고 인지되는 경우도 있을 수 있다. 그것이 명백히 성폭력이었다면 잘못을 지적하고 사과하라고 요구하는 것도 바람직하다. 그러나 당시 애정 표현이라 여겼던 일들을 애써 사후 구성해가며 성폭력으로 만드는 것은 바람직하지 않다. 상대방을 배려한다는 차원이 아니다. 나 자신을 전혀 행복하게 해주지 못하기 때문이다.

  우리 사회는 사랑과 연애에 취약하다. 가정에서도 학교에서도 사랑은 가르치지 않으면서 결혼은 가르친다. 연애는 가르치지 않고 임신과 출산에 대한 성교육에 집중한다. 사랑이 때때로 찾아오고, 그렇게 찾아왔던 사랑이 또 찾아온 숫자만큼 끝나는 순간이 올 수 있음을 말해주지 않는다. 그 사랑이 좋은 기억이나 괜찮은 우정으로 남을 수 있도록 서로 배려하며 헤어지는 것에 대해 관심 갖지 않는다. 하지만 사랑과 연애에서는 이별 역시 시작만큼, 때로는 그 이상으로 중요하다. 즐거운 연애가 행복한 현재를 만든다면, 좋은 이별은 행복한 미래를 준비시키기 때문이다. 결혼과 이혼도 마찬가지다.

PART III

남녀평등

사회

좋아하시네

TALK 10

일상화된 차별을 거부할 감수성을 키워야 한다

; 어느 오후, 젊은 여성이 상담을 하고 싶다며 찾아왔다. 아동용품 관련 업계에서 해외영업을 담당하고 있다고 했다. 그녀는 색조화장을 하지 않았지만, 단정한 단발머리에 캐주얼 정장을 깔끔하게 차려입고 있었다. 그녀는 특정 지역에서 해당 업계 영업을 7년 넘게 해온 베테랑이었다. 직전까지 다니던 회사에서도 2년이 넘게 일하면서 꽤 좋은 실적을 내왔다며

관련 서류를 보여주었다. 그런 그녀가 변호사를 찾은 이유는 잘 다니던 직장을 퇴직하게 되기까지 발생한 문제 때문이었다.

몇 달 전 그녀가 근무하던 마케팅 부서에 총괄책임자가 새로 왔다. 막장 드라마의 스토리 같지만, 새 책임자는 회사 대표가 그즈음 재혼한 아내였다. 아무리 자기가 사장이라지만 아내를 책임 있는 자리에 낙하산식으로 꽂는 건 참으로 철면피한 일이다. 하지만 그거야 그렇다 치자. 새 책임자는 이런 업계에서 일한 경험이 없었을 뿐 아니라 해외영업에 대해서는 문외한이나 다름없었다. 당연하게도, 업무와 관련하여 중간관리자로서 일하던 그녀와 새 책임자 간에 이견이 잦아졌다.

그러자 언제부턴가 새 책임자가 매일 그녀의 외모를 두고 비하하는 발언을 하기 시작했다. 회의시간에조차 "화장 좀 하고 다녀라"를 골자로 하는 잔소리와 폄하 발언이 이어졌다. 그녀는 새 책임자에게 조용히 건의도 하고 항의도 해보았다. 하지만 도리어 더 모욕적인 언사와 핀잔만 돌아왔다. 새 책임자의 막가파식 언행은 주변에서도 혀를 끌끌 찰 지경이었다.

그녀는 회사에 정식으로 고지했다. 하지만 규모가 크지 않은 회사에서 대표 스스로 자정에 나서주지 않는 한 소용없는 일이었다. 결국 그녀는 사직서를 냈다.

나오고 나서야 직장 내 성희롱이 이직사유로 인정되면 실업

급여를 받을 수 있다는 사실을 알았다. 하지만 전 직장에서 이직사유에 그런 걸 써줄 리가 없었다. 그녀가 상담을 온 표면적인 이유는 자신이 맞닥뜨렸던 상황이 직장 내 성희롱에 해당하는지, 그리고 해당한다면 실업급여를 받을 수 있는지를 알아보기 위해서였다. 하지만 그녀의 마음에 심각한 후유증을 남긴 것은 따로 있었다. 새 책임자가 자신을 향해 쏟아낸 외모 비하 발언들이었다.

언어적 성희롱은
오랫동안 체화된 나쁜 습관이다

; 직장 내 성희롱은 성폭행 범죄보다는 그 범주가 넓지만, 아직까지는 범죄 성립을 인정하는 요건이 까다롭다. 일반적인 성폭행 사건이 그러한 것과 마찬가지다. 외모를 두고 반복적으로 모욕적인 용어를 사용하거나 성적 수치심을 일으킬 만한 표현을 하는 것은 언어적 성희롱에 해당한다. 하지만 노동부에서 이를 인정받기란 쉽지 않다. 가끔이라도 진취적인 판단이 내려져 언론에 보도되는 사례조차 찾아볼 수 없을 정도로, 그러한 판단을 얻어내기가 어렵다.

내게 상담을 의뢰했던 여성은 그런 발언들을 접하던 당시부터 엄청난 불쾌감과 모욕감을 느꼈고, 그 후로도 아주 오랫동안 그런 감정이 잊히지 않았다고 한다. 그러나 우리나라에서 동성의 여성 상사가 화장 운운한 이야기들을 직장 내 성희롱으로 인정받은 판례는 안타깝게도 거의 없다.

외모 비하 발언이 직장 내 성희롱으로 쉽게 인정받지 못하는 현실은 그만큼 그 일이 빈번히 일어나고 있고, 그 문제에 대한 우리의 감수성이 무뎌져 있다는 뜻일 것이다. 그런데 이런 외모 비하 발언들이 당사자에게 얼마나 큰 상처를 남기는지를 생각해볼 필요가 있다. 또한 우리 사회에서 이런 발언들이 얼마나 공공연하게, 얼마나 전방위적으로 일어나는지도 생각해봐야 한다. 이런 일들은 실은 갑을관계에서 일어나는 성폭력이기에 앞서 오랫동안 학습돼서 몸에 밴 나쁜 습관이다.

이 건에 대해 상담하면서 처음에 의아했던 것은, 아이러니하게도 그녀의 외모였다. 상사로부터 외모 비하성 발언을 듣기에는 그녀가 너무나 깔끔하고 프로다운 기품을 풍겼기 때문이다. 화장을 하지 않은 것조차 단정하게 여겨질 정도로 인상도 단아하고 매무새도 깔끔했다. 그런데 그녀의 사연을 듣다 보니 그녀가 화장을 하지 않았다는 점이 자꾸 인식됐다. 그녀가 그런 이야기를 들으면서 받았을 스트레스도 십분 공감이 됐지만, 그 말을 함께 들었을 부서 사람들에게 얼마나 쓸데없는 영향을 끼쳤을까 하는 생각이 들었다. 여기까지 생각이 미치자 그 상사의 소행이 더욱 괘씸하게 느껴졌다.

외모지상주의는
우리 모두를 옥죈다

; 당사자가 여성이든 남성이든 외모지상주의는 바람직하다고 할 만한 측면이 하나도 없다. 특히 당사자가 여성인 경우에 정신적 피해가 훨씬 크다.

당사자였던 경험을 바탕으로 성폭력 사건 소송을 많이 맡다 보니 이런 사안에 대하여 언론 인터뷰를 진행하거나 성희롱 예방 교육 같은 강의들을 종종 한다. 그때마다 기자나 수강생들한테 이런 질문을 받곤 한다. "역차별도 많지 않은가?", "대체 어디서부터 어디까지가 성적 수치심인가?" 같은 것들이다. 특히 남성분들은 이런 질문과 함께 '너무 조심스럽다'면서 불편함과 불안감을 호소하곤 한다.

이럴 때 나는 "외모에 대한 평가 등의 발언이 예의의 선을 넘어가면 언어적 성희롱에 해당할 수 있습니다"라고 답한다.

그러면 남성들은 대개 여자들도 남자들을 대할 때 외모나 나이에 따른 차별대우가 심하다면서 불만을 터트린다. 그런 경우 "마음이 상했겠군요. 그런 태도를 취했다면 그건 남자든 여자든 옳지 않죠. 그러니 훨씬 빈번하게 노출되는 여자들 마음을 헤아릴 수 있겠네요"라고 말해준다. 그러고는 "여자들은 그게 사회적 처우로까지 이어져서 실질적으로 불편함이나 부당함을 겪는 일이 많습니다. 남자들도 그런가요?"라고 물어본다. 내 성향과 관심상 그런 말이 나온 김에 담론을 형성해보려고 노력한다.

1990년대부터 2000년대까지 회사에 다니고 2010년대에 로스쿨을 다니는 과정에서 내가 심각하게 느낀 것 중 하나가 여자의 나이나 외모에 대한 무례한 지적이나 농담들이 난무한다는 사실이었다. 여자 나이 서른이 넘어가면 "시집 늦게 가면 애는 어떻게 낳을래?", "지금 공부가 중요하냐? 결혼 안 할 거냐?", "나이도 많은데 살까지 찌면 어떡하나", "보톡스 좀 맞아라" 같은 말들이 아무렇지도 않게 오간다.

그런 말을 듣고도 제대로 항의하는 사람을 본 기억이 거의 없다. 참다못해 누군가 나서서 항의하면 그런 의도가 아니었다는 식의 대꾸가 돌아온다. 앞으로는 주의하겠다는 사과인지, 아니면 그래봤자 계속할 거라는 통보인지 이해가 되지 않는다.

괜히 항의한 사람만 예민한 사람이 돼버린다. 그러면서도 가끔 여자들이 멋진 남자 연예인을 향한 팬심이라도 내비치면, 즉각적으로 외모를 따진다느니 여자들도 다 똑같다느니 하는 비난이 돌아온다.

　남자와 여자로 편을 가르거나 남자들이 전부 그렇다는 말이 아니다. 아직까지 우리 사회가 여성을 함께 건강하게 경쟁하고 상생하는 관계로 바라보거나 존중하지 못한다는 이야기다. 여성의 가치를 '젊고 아름다운 몸뚱이냐'를 기준으로 평가하는 시선은 여성을 동등한 인격체로 존중하지 않는다는 사실을 말해준다. 이 사건 상담을 하는 동안 그러한 의식이 여성혐오로 표출되는 일들이 일상에서, 미디어에서, 인터넷에서 난무하고 있음을 새삼 알게 되었고, 이런 현실이 개탄스러운 한편 걱정스러웠다.

　이러한 평가 대상으로 쉽게 오르지 않는 누군가에게는 이런 이야기들이 멀고 먼 남의 일처럼 느껴질지도 모르겠다. 하지만 우리 사회는 아직도 남성중심의 조직이 대부분이다. 여성이라면 누구나 그 조직에 들어가 초창기에는 소위 예쁨받는 신입사원 시절을 거치고, 이윽고 30대가 된다. 결혼과 동시에 집에 들어앉지 않는 이상 누구에게나 능력으로 사회 구조 안에서 살아남아야 하는 시간이 본격적으로 닥친다. 누가 됐든, 언젠간 겪어내야 하는 통과의례 같은 것이다. 내 경우 일이나 공부로 남자들과 경쟁관계가 되면, 그저 같이 친교나 나눌 때는 만나지 못했던 적대감과 견제를 경험했다.

따라서 그러한 시선이 노골적으로 드러나는 주변의 일들에, 사회현상에 관심을 기울이고 목소리를 내고자 노력해야 한다. 내게 상처가 되는 일은 남에게도 상처가 되고, 내가 마음 불편하면 남의 마음도 불편하다. 좀더 평등한 개인의 삶과 조직의 문화를 만드는 일은 이런 상처와 불편들을 똑바로 바라보면서 내게 상처가 되거나 불편할 행동을 타인에게 강요하지 않는 것에서 출발한다.

여자 상관한테 화장 좀 하고 다니라는 모욕을 받고 나를 찾아왔던 그녀는 이전 직장에 정식으로 문제제기를 할지 심각하게 고민했으나 실행에 옮기지는 않았다. 유능하니 곧 다른 직장을 찾았을 것이고, 능력을 펼치며 바쁘게 생활하고 있을 것이다. 최소한 이전 직장에서와 같은 얼빠진 외모지상주의를 맞닥뜨리지 않는 한 말이다.

나는 그녀의 선택이 나름대로 의미가 있다고 생각한다. 왜냐하면 그녀는 이전 직장에서 합리적으로 문제제기를 했고, 그런 문제제기가 통용되지 않자 그곳과 단호히 결별했다. 그녀는 그렇게 할 수 있을 만큼 능력을 갖추고 있었다. 누군가 나서서 사회에 만연한 문제에 제동을 걸어주는 일이 많아지면 좋겠지만, 그렇다고 모두가 법적 다툼을 첨예하게 벌일 이유는 없다. 싸움을 짊어진 개인에게는 그 과정이 무겁고 가혹하기 때문이다.

  그녀의 전 직장 상사는 화장하는 직원들로 사무실을 채울 수 있을지는 몰라도 유능한 직원을 잃었다. 그런데 아이러니하게도 그 상사 역시 외모지상주의와 차별을 강요하는 이 사회의 피사체다. 자신이 부하 직원에게 했던 유사한 일들을 가해보다 피해로써 받으며 살아왔고 살아가게 될 것이다. 심지어 현재는 자신이 통솔하는 조직에마저 그 분위기를 공고히 한 꼴이 됐다.

  외모지상주의와 차별의 문제 역시 '가해자는 남성, 피해자는 여성'으로 압축되는 것이 아니다. 이 사례에서 알 수 있듯이 인물과 일상을 아름답게 볼 수 있는 맑은 시야를 가리고, 급기야는 스스로를 옥죄고 불편하게 만드는 족쇄다. 가해자와 피해자 모두에게. 너무나 익숙해져 있어서 둔감해져 버린 외모지상주의와 차별에 대한 남녀 모두의 감수성과 의식이 필요하다.

여성이 젊음이란 상태에 있을 때,
남성중심의 조직문화는 여성에게 일견 친절하다.
동등하게 경쟁하는 동료나 기대하는 후임으로서가 아니라,
그저 젊은 여성이라는 점에 대한 상냥함이 크게 자리한다.
그런 '예뻐함'은 여성들로 하여금 스스로의 능력을 배양하고
독립성을 갖추기 어렵게 한다.

TALK 11

변호사가 되어도 여자는 남자보다 불리하더라

;   사람 사이에서도 인연이 필요하지만 사건과도 인연이 필요하다. 우리 사회에서 일어나는 다툼은 셀 수 없을 지경이고 변호사도 많다. 어떤 사건을 누가 맡는가 하는 것도 희귀한 확률 끝에 닿은 인연이다. 그런데 어떤 사건을 맡기도 어렵지만 그렇게 맡은 사건을 내려놓는 일도 어렵다. 그래도 가끔 어렵게 인연이 닿아 시작한 사건을 내려놓는 일이 생긴다. 나에

게도 그런 일이 있었다.

　누적된 직장 내 성희롱으로 심각한 급성 스트레스 장애를 앓고 있는 피해자의 사건을 맡게 되었다(내 방을 찾는 피해자들 상당수가 급성 스트레스 장애나 우울증을 앓고 있긴 하지만). 피해자는 안쓰러웠고 발생한 사안은 괘씸했다. 불행 중 다행히 증거 사실이 다소간 확보된 상황이었고, 사측에서도 무조건 잘못했다며 원하는 바를 말해주면 조사하고 시정하겠다는 입장이었다. 미연에 방지되지 못하고 발생해버린 상황은 안타까웠지만, 너무 힘든 과정을 거치지 않아도 해결의 실마리가 보일 것 같았다.

　그런데 문제는 피해자의 주변 사람들이었다. 보통 지원군이나 응원군이 많은 것은 환영할 일이지만, 피해자가 여성인 경우 꼭 그렇지만은 않은 일이 생기곤 한다.

　사건을 받아 아직 뭔가 제대로 시작도 하기 전인데 주변인들이 내게 요구를 해왔다. 우선은 가해자에 대한 기소를 100퍼센트 장담할 수 있는지 답하라는 것이었고, 회사가 피해자의 요구사항을 다 들어주지 않을 경우의 대책을 내놓으라고도 했다.

　엄밀히 말하면 나는 송무를 수임한 것이다. 당사자가 말한 사실에 입각해서 법리를 적용해 서면을 작성해주고, 당사자가 가지고 있는 증거 중 유의미한 증거를 추려내 제출하고, 그 수사 과정이나 재판에 배석하는 것까지 하면 변호사로서 해야 할 일은 다 한 것이다. 그런데도 급한 나의 성격상 먼저 나서서 해당 회사와 미팅을 했고, 여러 변수에 대비해 유관 여성단체 활동가나 언론사 PD와 협의까지 마친 상황이었다. 피해자의 손을 잡고 함께 법적 다툼을 해나가기 위해 최대한 노력하지만, NGO나 언론과의 연계도 사실 직접적인 업무라고 보긴 어렵다.

주변인들도 이런 상황을 알고 있었다. 그런데도 그들은 나에게 가해자의 형사처벌이나 회사에 대한 요구사항의 관철을 장담하라고 했다. 변호사로서 그런 장담은 해줄 수 없었다. 송무는 생물과 같아서 어떤 변수가 튀어나올지 알 수 없다. 더구나 변호사로서 내가 가진 정보는 의뢰인의 시선에서 의뢰인이 전달한 정보가 전부다. 송무를 진행하다 보면 나중에 상대방 측의 다른 입장과 증거들을 만나는 경우도 적지 않다.

여하간 답할 수 없는 장담과 대책을 요구받으면서도 이해하며 버텼는데 그들의 요구가 점점 더 과도해졌다. 결국 나는 막말을 들으며 사임하게 됐다.

씁쓸했다. 개인적으로 피해자에 대한 애정이 많았고 관심을 많이 기울인 사건이었다. 그런데 내가 느낀 씁쓸함은 그것보다

수임해서 사임하기까지의 과정 때문이었다. 당사자가 성인 여성인데도 각종 보호자가 등장하여 감 놔라 배 놔라 하는 형국이 그랬고, 내가 젊은 여성 변호사이기 때문에 쉽게 무례를 범하는 것도 그랬다.

여성 숫자만 늘어나면
남녀평등인가?

; 일을 하다 보면 이런 일들을 직간접적으로 종종 겪는다. 변호사가 되기 전에도 그랬지만 변호사가 되는 과정에서도 마찬가지였고, 변호사가 돼서도 크게 다르지 않다.

변호사 시험에 합격하고 실무 수습을 하던 법률회사에서 맡은 사건 중에 여성 신도들에게 몹쓸 짓을 하다가 송사에 휘말린 무속인 사건이 있었다. 겉으로 봐서는 종교인인지 조폭인지 구분이 안 가게 생긴 체격에 포마드를 발라 머리를 빗어 넘기고 다니는 노인이었다. 체격에 어울리게 목소리도 우렁찼다. 법정에서 자신에게 전혀 유리하게 작용하지 않을 것들이나 불필요한 것들을 요구하고, 이를 원하는 대로 해주지 않으면 언성을 높이고 눈을 부라리기 일쑤였다. 그가 요구하고 우리 측이 안 된다고 설명하는 식의 실랑이가 계속됐는데, 간간이 나 혼자 남게 되면 불같이 화를 냈다. 그러다가 그만큼이나 체격이 좋은 회사의 실장님이 나타나 항의하면 슬그머니 목소리를 낮췄다. 다행스럽게도 이런 일이 많이 반복되기 전에 사건이 종결됐다.

변호사 사무실을 개업한 후 나의 의뢰인들은 주로 여성이었다. 여느 사건과 달리 대신 싸워줄 사람이 필요한 피해자들이 대부분이라 의뢰인과 나의 관계는 대체로 좋은 편이다. 그런데 아주 가끔은 무조건 큰소리로 우기면 될 거라고 믿는 중년의 여성 의뢰인들도 있다. 우겨서 관철이 안 되면 막말로 이어진다. 착수금도 받지 않고 사건을 진행했는데 졸지에 "돈만 아는 변호사"라는 말을 듣기도 하고, "당신처럼 권위적이고 위압적인 변호사는 처음 봤다"라는 말을 듣기도 한다. 당사자들에게 과도하게 감정이입해서 설명을 너무 많이 해주거나 친근감 있게 대한 게 문제가 되기도 한다. 그렇게 했기에 뭐든 우기면 들어줄 거란 기대를 더 많이 하는 것이다. 다른 한편으로는 그저 만만하기 때문이기도 하다.

그뿐 아니라 이혼 사건을 하다 보면 폭력 남편이 사무실에 와서 마누라 내놓으라며 깽판을 치기도 한다. 남자 변호사들도 겪는 일이라고 하지만, 여자 변호사이기 때문에 더 많이 노출되고 더 세게 노출된다.

　전문직 중에서 유독 변호사에게만 있는 일일까? 천만의 말씀이다. 몇 년 전에는 발기부전 치료를 받았는데 원하는 만큼의 치료 결과에 다다르지 못했다면서 비뇨기과 여의사를 다시 찾아가 살해한 사건도 있었다. 생명과 건강을 다루는 병원이란 곳이 원래 드라마가 많은 곳이긴 하지만, 약한 곳을 향해 폭력성이 더 자주, 더 세게 나타난다는 점에서 예외가 아니다. 남의사라는 표현은 없어도 여의사라는 표현은 여전히 존재하는 공간 아닌가. 잘못된 분노의 화살이 여의사라 부족하다는 밑도 끝도 없는 타박이나 물리력의 행사로 쉽게 이어진다.

　이처럼 일반 직장인이든 전문직 종사자든 사회에 만연한 공고한 가부장적 질서로부터 자유롭기 어렵다. 전문직 여성의 경우 이러한 환경을 헤쳐나가는 방법은 저마다 다르다. 내가 속한 변호사 쪽을 보면 다음의 두 가지 길이 있다. 나보다 센 남자 밑에 들어가 일하거나, 아니면 독립해서 스스로 세지기. 예전보다는 독립적인 방식을 향해 가는 사람이 많이 늘었지만, 여전히 그 숫자는 미미하다. 그럴 수밖에 없는 것이 변호사로서 겪는 기본적인 애환 외에, '여자' 변호사이기 때문에 겪어야 하는 애환이 엄연히 존재하기 때문이다. 그 애환은 여자 변호사여서 갖는 이점보다 훨씬 많다.

그런데도 코딱지만 한 이점이라도 발견되면 사람들은 목소리를 높여 여자들이 더 유리하다고 떠들어댄다. 세상이 바뀌었다고, 여성상위 시대가 열렸다고 말이다. 여전히 '군대도 안 갔다 온' 여자들이 '뭣도 모르면서 설친다'라는 군대망령이 떠돌아다닌다. 전통적으로 남자가 절대다수를 차지하던 전문직 영역일수록 여자들이 들어와 목소리를 내는 데 대한 반감이 크다.

노골적 차별보다 무서운
은폐된 차별

; 온·오프라인의 많은 입들이 '여자들이 살기 편해진 세상'이라며 여성차별이 더는 존재하지 않는 양 이야기한다. 그러나 잘 보이지 않는 차별은 잘 보이지 않는 함정처럼 더 위험하다. 차별이 사라졌거나 완화되었다는 사회의 합창에 별생각 없이 쉽게 수긍하기보다 정말 그런지 생각해봐야 한다.

가령 과거 채용공고에서 애초 남성만을 채용대상으로 보고 자격요건에 '군필 또는 면제'라고 기재하던 항목이 최근에는 거의 사라졌다. 그러나 실제 기업에서 채용한 4년제 대학교 졸업자 기준 남녀의 성비는 평등과는 거리가 멀다. 과거보다 나아진 것은 분명하다. 하지만 그렇다고 해서 차별이 적은 것은 아니다. 그렇게 채용되어서 받는 고과와 연봉 역시 표면적으로는 평등하고 합리적인 절차 안에 있는 것으로 보인다. 그러나 실제 동일 직급에서 남녀별로 받은 고과나 진급률에 대해서는 어떤 부처나 기관에서도 리서치하거나 관리하지 않는다. 에베레스트 산 정상으로 갈수록 희박해지는 산소처럼 상위 직급으로 갈수록 여성도 희소해진다. 채용 비율이 개선되었다고 해도 여전히 남성중심적으로 흘러가는 조직의 구조와 문화에 여성이 일방적으로 맞춰야 하는 문제는 여전하다.

사회조직 내에서 육아휴직이나 그 후의 처우, 또 직장 내 성희롱 처리 문제 등은 그나마 눈에 보이는 사안이니 감시와 지적이라도 가능하다. 그러나 업무 배분에서 기회의 불평등이나 정보교류의 불평등은 여성이 능력을 펼칠 기회를 박탈하는 결과로 이어진다. 마치 여자들은 알파걸로 들어와 나이가 들면 B사감이 되거나 무능한 아줌마가 되는 것인 양 편견을 만들어내고, 여성 인력을 젊음이 소진되면 교체해야 하는 대상인 양 생각하게 한다. 이렇게 보이지 않는 차별은 보이는 차별보다 공고하다.

여성이 젊음이란 상태에 있을 때, 남성중심의 조직문화는 여성에게 일견 친절하다. 동등하게 경쟁하는 동료나 기대하는 후임으로서가 아니라, 그저 젊은 여성이라는 점에 대한 상냥함이 크게 자리한다. 그런 기간이라 해서 여성에게 유익할까? 아니, 오히려 독이 된다. 그런 '예뻐함'은 여성들로 하여금 스스로의 능력을 배양하고 독립성을 갖추기 어렵게 한다.

남성중심의 조직문화에서 남자 상사나 남자 선배, 아니 성별을 떠나 의지할 만한 존재 등으로부터 당신은 얼마나 독립적인가? 혹은 앞으로 자립할 의지를 가지고 있는가?

여성들에게 유리해진 부분은 여성이란 존재에 대한 우리 사회의 존중 의식이 높아져서가 아니다. 우선은 IMF 이후 가족의 부양의무를 가장에게만 떠안기기가 어려워졌기 때문이다. 그리고 여성 인력을 필요로 하는 수요 역시 늘어나면서 맞벌이를 하는 것이 자본주의의 입맛에 더 맞았기 때문이다. 여전히 여성들은 남성들보다 음으로 양으로 요구받는 것이 많고, 쉽게 비난받으며, 남성중심의 조직 하단부에서 자라다가 어느 순간 유리천장에 머리를 박는다. 이는 그저 개인의 역량으로 피할 수 있는 것이 아니다. 평등해졌다거나 여성상위 시대라 외치기에는 아직 이르며, 이것이 미약한 스스로의 위치를 바라보며 여성들 간에 연대를 해야 하는 이유다.

그러려면 가장 먼저, 보이지 않으나 여전히 존재하는 사회적 차별을 간파해야 한다. 오늘날의 젊은 여성들은 지금보다 훨씬 더 예민해질 필요가 있다. 옆에 있는 이들과 그 예민함을 공유하고 위로하며 담론을 만들어가는 자리가 필요하다. 혼자가 아니라는 공감은 "노"라고 말할 용기를, 사랑스러워지기보다 당당해지고자 하는 실천을 북돋아 준다.

TALK 12

여성 변호사는 성희롱에서 과연 자유로울까?

; 30대 직장인 비혼 여성으로 산다는 것은 내게 새로운 장르들과의 조우였다. 30대 중반이 되자 크게 두 가지 장르가 펼쳐졌다. 하나는 "왜 시집도 안 가고…"를 전제로 하는 '너 참 큰일이다' 장르였고, 다른 하나는 "알 거 다 알잖아?!"를 전제로 하는 '너도 그런 줄 알았지' 장르였다. '너 참 큰일이다' 장르가 주로 외모나 나이를 아우르는 언어적 성희롱이 대

부분이라면, '너도 그런 줄 알았지' 장르에서는 응당 허용되는 거 아니었느냐는 태도로 도발해오는 육체적 성희롱이 많았다.

친교나 존경의 뜻으로 마련한 자리에서 그런 장르 중 하나가 펼쳐지면, 대번에 단절의 자리가 되고 말았다. 그리고 어느 순간부터는 정말 오랫동안 친구로서 만나온 관계가 아니면 남자와 단둘이 만나 저녁을 먹는 약속은 피하게 되었다. 빈대 잡으려다 초가삼간 태운다는 옛말이 딱 맞는 형국이다. 그렇지만 그런 일들을 맞닥뜨리는 것도 싫고, 그런 일로 사람과 단절되는 것도 싫었기에 어쩔 수 없었다. 아예 만나지 않으면 그런 일들이 일어나지 않을 테니까.

30대를 꽉 채워 진학한 늦깎이 학교생활에서는 '너 참 큰일이다' 장르가 좀더 많았다. 40이 육박해 시집도 안 가고 공부를 한다니 교수님들부터 학생들까지 '왜'는 기본 장착이었다. 이 길에 왜 들어섰는지보다 왜 결혼을 하지 않았는지에 대한 질문이 훨씬 많았다. '빨리 결혼해야지'는 별책부록처럼 따라왔다. 친하게 지내는 남자 동기생들의 나이가 어리면 내 또래 남자 동기생들로부터 "은의는 어린 남자애들만 좋아한다"는 얘기가 들려왔다. 특정 이성 동기랑 둘이서 돌아다니는 게 몇 번만 포착돼도 사귀냐는 질문을 받곤 했다. 덕분에 매달 남자친구를 갱신하는 능력자로 등극할 판이었다.

수업시간에 적극적으로 질문을 하거나 의견을 제시하는 것도 나대는 것으로 여겨지기 십상이었다. 책을 내고 차별금지법 수업에서 발표를 하고 나서는 "너는 강성이잖아"라는 소리도 종종 들었다. 강성이 뭔진 모르겠지만, 그 기회에 내가 강성으로 보일 수 있다는 것도 알게 되었다.

자연스럽게 살아 숨 쉬는 왜곡된 가부장적 태도들로 인하여 학교 다니는 동안 황당한 일들을 꽤 겪었지만, 사회생활을 하면서 만나는 희롱의 장르나 편수에 비하면 양호하다는 걸 그때는 몰랐다. 이윽고 40대, 변호사가 돼서 서울로 돌아가면 '너 참 큰일이다'도, '너도 그런 줄 알았지'도 이젠 내 인생에서 한물간 장르가 되어 있을 것 같았다.

기대가 컸다. 그사이 우리 사회가 '변호사 2만 명 시대'니 '위기의 법조시장'이니 떠벌릴 정도가 되었지만, 변호사는 여전히 파워 있는 직업군이었다. 그 덕에 나이나 용모 등을 두고 펼쳐지는 '너 참 큰일이다' 장르는 만날 일이 현저히 줄었다. 아무래도 내가 주로 접하는 사람들이 변호사들이거나, 변호사인 나를 찾아온 이들이기 때문이기도 할 것이다. 반면에 '너도 그런 줄 알았지' 하는 도발들은 다른 양상을 띠고 변주됐다. 변호사가 된 첫해, 기대가 컸던 탓에 실망도 컸다.

변호사 입문 첫해부터 맞닥뜨린
성희롱 사건들

; 한번은 친구를 따라 소규모 친목 자리에 나갔다. 비슷한 연령대의 사람들이 맛집에서 한잔 기울이며 나름대로 지적인 이야기들을 나누는 모임이었다. 그 자리의 남자들은 모두 결혼한 사람들이었다. 이성적으로 신경 쓸 상대가 없는 자리라 나는 편하다고 생각했다.

그런데 그 후 한 남자가 계속 네이트온으로 연락을 해왔다. 직장에서의 시시콜콜한 일상사를 이야기하며 다음 모임을 언제, 어디서 하면 좋겠느냐고 묻기도 했다. 내용 자체는 문제 없었지만 이런 시답잖은 내용으로 종일 끝도 없이 연락이 온다는 것이 문제였다. 그저 호감의 표시려니 하기에는 그가 유부남인 게 불편했다. 나는 대꾸를 제대로 하지 않거나 불편한 기색을 보이는 것으로 대응했다.

그런데도 이런 일이 이어지다가, 그가 다른 사람들과의 단체 톡방을 만들어 다음 약속을 잡는 바람에 할 수 없이 모임에 또 나가게 되었다. 그 자리에서 얼마나 불편했는지는 접어두자. 어쨌든 늦지 않게 자리를 파하게 됐다. 서로 악수하며 인사를 나누는데, 그 남자가 내 손을 잡고는 검지를 길게 뻗어

내 손목 안쪽을 꾹 누르며 손을 놓지 않았다. 메스꺼웠다. 계속 손을 놓지 않아 쳐다봤는데, 그래도 바로 놓지 않고 씩 웃더니 그제야 놓았다. 순간 욱했지만 그 모임을 소개한 친구 입장을 봐서 꾹 눌러 참았다. 그런데 그 남자가 데려온 후배도 인사를 하는 과정에서 내게 똑같은 짓을 했다. 얼굴을 쳐다보니 재밌는 장난에 동참해 즐겁다는 표정이었다. 나쁜 의도가 있다기보다는 아무 생각이 없어 보였다. 당황스럽기도 하고 친구 입장을 난처하게 할 수도 없어서 별말 하지 않고 황급히 자리를 떴다. 하지만 나쁜 의도가 있든 아무 생각이 없든 짜증스럽기는 매한가지였다.

그로부터 얼마 지나지 않아 법조계 남자 선배와 저녁을 먹게 됐다. 친하게 교류해왔던 사회 선배였고, 그가 내게 이것저것 미안하고 고맙다는 인사를 전하는 자리였다.

그런데 술이 과했는지 잔뜩 취해서 나를 강제로 안고 입을 맞추려 했다. 내가 가까스로 몸을 틀어 벗어났는데 이 사람이 하는 말. "이 변호사님, 너무 예쁘신 거 같아요, 같이 자고 싶어요."

하마터면 그 선배를 차도 쪽으로 밀어버릴 뻔했다. 내가 객관적으로 예쁘장하거나 딱히 섹시한 부류도 아니니, 예뻐서 자고 싶다는 말이 아닌 건 확실했다. 그러니까 그 말은 그냥 '나는 지금 너랑 섹스하고 싶다'는 말의 립서비스 버전이었다.

나는 그 선배에게 이성적인 감정이 전혀 없기도 했거니와 그 선배 역시 유부남이었다. 화가 났고 실망감이 더 컸다. 하지만 문제 삼지 않고 덮기로 했다. 다음 날 당사자가 미친 듯이 수습에 나서 직접 사과를 해온 것이 주된 이유였다. 그리고 솔직히 말하면 변호사 등록한 지 얼마 되지도 않았는데, 이 보수적인 동네에서 이런 일로 다툼을 벌이기가 부담스러웠다.

집에서는 다들 자기 부인들과 성생활을 단절한 건지, 내가 공부를 마치고 세상에 나오니 갑자기 나랑 자고 싶어 하는 남자들이 넘쳐났다. 상당수가 노골적으로 자고 싶다는 말을 하고 전보다 쉽게 소위 '수작'을 부렸다. 무슨 아메리칸 마인드도 아니고, 한국에서 이런 말이 이토록 쉽게 아무에게나, 아무 때나 던져져도 되는 건가? 세상이 변한 걸 나만 모르고 있는 것 같았다.

변호사가 된 첫해에 나는 이런 일들을 심심찮게 겪었는데 더 심한 건 따로 있었다. 내가 어떤 경로로 변호사가 됐는지를 잘 아는 한 남자 변호사가 자기네 회식 자리에 나를 초대했을 때의 일이다. 부득불 2차를 가게 되었는데 그 변호사가 여자가 없다면서 도우미를 불렀다. "불렀는데… 괜찮죠?"라고 묻기에 괜찮지 않다고 대답을 했는데도 계속 내 잔에 술을 따르며 같은 질문을 했다. 결국 내가 일어나려는 찰나에 반짝이 초미니 드레스를 입은 여자들이 입장했다. 추운 날이었다.

그 자리를 부랴부랴 빠져나와 지하철 근처 찻집에 들어갔다. 그리고 10분 넘게 펑펑 울었다. '도우미를 부르다니 이럴 수가!' 때문이 아니라 모욕감 때문이었다. 상대는 나에 대해 잘 아는 사람이었다. 여성에 대한 존중과 배려를 했느냐는 문제보다도 나의 아프지만 소중한 개인사를 부정당한 것 같아 서러웠다. 이건 누군가 취기에 나와 자고 싶다고 헛소리하며 추행했을 때보다 훨씬 불쾌했다.

꼭 나보다 나이 많은 남자들만 나한테 이러는 것도 아니었다. 나보다 어린 한 의뢰인은 같이 캠핑을 가자는 둥 집이 멀어 힘들 텐데 기다렸다가 데려다주겠다는 둥 하면서 내가 거절 의사를 분명히 해도 치근덕댔다. 눈 내리는 오후니까 녹차나 마시러 가자더니 차를 모텔거리로 운전해 몇 번이나 그 거리를 돌면서 눈치를 살피던 후배도 있었다.

내가 40대에 접어들면서 갑자기 얼굴이나 몸매가 야한 버전으로 바뀌기라도 한 것인지 헷갈릴 지경이었다. 오랫동안 친하게 지내온 남자 친구들에게 이런 얘길 들려주며 내가 섹시해진 거냐고 물어보면 다들 숨넘어갈 듯 웃거나 '뭐래?' 하는 표정인 것으로 보아 그게 아닌 건 확실했다. 변호사라는 직업이 혹시 그런 행동을 유발하기라도 하는 건가 하는 엉뚱한 생각까지 해보았으나, 변호사이기 때문에 이런 행태로부터 자유로워지지는 않더라는 정도의 결론만 얻었을 뿐이다.

여성을 향한 망상이
성추행을 낳는다

; 우리 사회는 내가 대학을 다니던 1990년대나 지금이나 여전히 여성에 관해 멋대로 상상한다. 여성이 서른 즈음을 지나면 훨씬 더 자유로운 성적 관계를 가질 것이라는 상상, 아니 착각이다. 여성이 성적 측면에서 상대적으로 자유로우냐 아니냐의 문제는 나이와 상관관계가 있을 수도 있지만, 나이와 무관하게 개인의 성향과 더 밀접할 수 있다. 성숙하냐와 개방적이냐도 비례하는 문제가 아니다. 가장 중요한 것은 누군가 성적으로 보다 개방적인 상태든 아니든, 그게 누구나와 섹스할 태세가 되어 있다거나 성적인 유희를 즐기겠다는 것은 아니라는 점이다.

그럼에도 나이가 들어가면서 30대 중반 이후부터 40대에 이르기까지 목격하고 체감한 것들은, 사람들이 여자가 일정 나이를 지나면 쉽게 섹스하고 쉽게 부적절한 관계를 형성할 것이라는 이상한 믿음을 갖고 있더라는 것이었다. 제대로 존중하고 관계를 쌓는 것에는 서툰데다, 막상 건전하고 자유로운 성 담론은 나누지도 못하면서 리트머스 종이로 실험하듯 도발을 한다. 그리고 그 도발이 반사되면 도리어 "왜 그래, 다 알잖아"라고 반응한다. 이러한 도발에는 '다 알면 다 하는 것'이라는 근거 없는 공식이 적용된다. 아무리 다 알아도, 누군가랑은 해도, 그게 아무나와는 아니라는 목소리를 듣지 않는다. 안 듣는 것인지 못 듣는 것인지 요지경이다.

이처럼 '나이가 들면', '변호사가 되면', '만나는 사람이 달라지면'같이 내가 '~하면 안전해질 것'이란 기대는 무너졌다. 그런 건 존재하지 않았다. 애초에 추행은 상대의 성적 매력이 유발하는 것이 아니다. 잘못된 망상에서 태어나 힘의 불균형에서 꽃피는 것이다. 따라서 피해자의 나이나 외모, 직업과 뚜렷한 상관관계가 없고, 가해자가 점잖은 직업의 종사자이든 결혼을 했든 관계없이 일어난다. 상대방의 목소리를 제대로 듣지 않거나 듣지 못하는 막힌 귀를 하고 망상과 힘에 이끌리기에 발생하는 것이 추행이다. 다시 말해 피해자가 뭘 어찌해서 생기는 문제가 아니라는 얘기다. 사회가 함께 제대로 귀를 열고 담론을 형성해, 망상을 깨나가고 평등한 사고를 공유하며 바꿔가야 할 의식의 문제다.

그런 여자는 당할 만하다는
우리 안의 편견에 대해

; 얼마 전 성폭력 법률 및 사무 관련 종사자들이 모이는 자리에 간 적이 있다. 누군가가 요즘엔 피해자도 이해가 안 되는 경우가 많다는 이야기를 했다. 원나잇 스탠드도 아무렇지 않게 생각한다, 애초에 자신들이 이상하게 행동하는 경우도 많지 않느냐라며 답답함을 토로했다. 노파심에 덧붙이자면, 그 말을 한 사람도 성폭력 사건들을 피해자 입장에서 열심히 지원하는 분이었다. 다만 일을 하다 보면 안타까운 마음이 이렇게 답답한 마음으로 이양되는 일도 종종 일어나는 듯했다.

친목을 다지는 자리여서 "피해자보단 가해자가 문제겠죠" 정도로 대꾸하고 지나갔지만, 뒷맛이 좀 씁쓸한 건 사실이었다. 생각해보자. 약해 보이면 때려도 되나? 건달처럼 보이는 이한텐 시비를 걸어도 되나? 왜 짧은 치마를 입고 클럽을 가는 일이, 왜 클럽에서 만난 남자와 뒤풀이를 가는 일이 이후에 당한 성폭행의 원인 제공으로 비쳐야 하나?

대학 시절에 〈피고인〉이라는 영화를 본 적이 있다. 조디 포스터가 주인공으로 나온 오래된 할리우드 영화다. 주인공이 민소매와 아주 짧은 치마를 입고, 한눈에 봐도 마초 소굴처럼 보이는 술집에 간다. 거기서 우연히 남자와 밀착해서 농염하게 춤을 추다가 졸지에 윤간을 당하고, 가해자들은 물론 사건을 방관하고 즐긴 목격자들을 처벌하기 위해 법정 다툼을 벌이는 내용이다. 그날 집에 오는 차 안에서 문득 그 영화가 생각났다.

처음엔 이 영화가 좀 어려웠다. 주인공 입장에서 따라가는 영화니 나도 그래야 할 것 같은데, 자꾸만 머릿속에서 주인공이 '그런' 야한 옷을 입고 '그런' 야심한 시각에 '그런' 술집을 찾아 '그런' 춤을 추는, 한마디로 '그런' 행동을 한 것에 대한 반론이 머리를 들었다. 그래서 영화를 몇 번 다시 봤다. 다행히 나는 딸만 있는 집에서 가부장적 사고에 많이 노출되지 않고 자랐고, '내가 제일 잘나가' 같은 근자감도 있는 스무 살이었다. 누가 딱히 텍스트로 정리해주지도 않았지만 "'그런'이 뭐 어때서?" 같은 방향으로 마음이 기울면서 지나갔다.

몇 년 뒤 사회과학 학회에 선배님 소리 듣는 입장으로 참석하게 되었다. 그날 주제가 영화 〈피고인〉을 보고 성폭력의 인정 기준과 우리 사회의 문제점을 논의하는 것이었다.

그런데 내가 스무 살에 품었던 의문을 후배들도 품고 있었다. 한동안 다른 담론이 오가던 중, 1학년 후배 한 명이 내 눈치를 보면서 머뭇거리더니 용기를 내어 문제제기를 했다. '그런' 정도면 사실상 허락이 아니냐고. 2학년 후배가 나름대로 열심히 설명하는데 질문한 후배의 얼굴에 선뜻 수긍한다는 표정이 나타나지 않았다. 내 스무 살처럼 자기도 뭔가 결론은 선배처럼 내고 싶으나 '그런'에 대한 반박이 떨쳐지지 않는 것 같았다. 여자 선배가 하는 말이 강요처럼 느껴질까 봐 내내 침묵하고 있었는데, 살짝 끼어들기로 했다.

"만약에 우유를 먹고 싶은데 누가 옆에서 우유를 먹어. 누군가는 불투명한 플라스틱 컵에, 누군가는 유리컵에. 그런데 우유가 빤히 보이는 유리컵에 마시면 뺏어 마셔도 될까?"

별로 화려하거나 멋진 말은 아니지만, '내가 제일 잘나가'고 싶었고 '정신승리도 제일 잘나가'고 싶었던 스무 살에 그 영화를 몇 번이나 반복해서 보면서 그 끝에 대학노트 한 귀퉁이에 적은 소회였다. 그러니까 그 말은 스물두 살의 이은의가 아니라 스무 살의 이은의가 스무 살의 후배에게 한 말이었다. 다행히 순진무구한 후배가 '오, 선배님!' 하는 수긍의 눈빛으로 화답해주었다. 그땐 좀 우쭐하기도 했다.

부끄럽지만 아무래도 대학 때보다 변호사가 된 지금 더 똑똑해진 것 같지는 않다. 어쩌면 나뿐 아니라 다른 사람들도 그러지 않을까. 그러나 더 또릿또릿했던 그 시절을, 그때의 생각들을 돌아볼 수는 있다. 그날 집에 돌아와 오랜만에 책장에서 1995년 여름의 다이어리를 찾아 들었다. 그 세미나에서 오간 대화와 세미나 준비하느라 예전 대학노트에서 발췌해둔 스무 살 시절의 소회, 뭔가 으쓱하고 보람 있어 하던 스물두 살의 느낌들을 다시 읽었다. 그렇게 페이지를 뒤로 뒤로 넘겨가다 보니 기분이 새로웠다. 오히려 지금 퇴색해 있는 내 안의 생각들을 돌아보는 계기가 되었다.

나의 입장이 일반적인 피해자들의 입장과 다르다고 해서 또는 내가 아직 피해자가 되지 않았다고 해서, 내가 영원히 그런 범죄들로부터 안전한 것은 아니다. 그건 내가 변호사가 되었다고 해서, 그런 일을 지원하는 입장이라고 해서도 달라지지 않는 명제다. 안전한 나로 살아가기 위해서는 왜곡된 성 의식을 변화시키고 제대로 된 성문화가 자리 잡게 해야 한다. 그러한 노력에는 자신을 피해자와는 다른 타자로 설정하지 않는 열린 시선이 필요하다. 그 변화의 출발, 노력의 시작에 '그런'을 떨쳐내던 스무 살의 회고가 있다.

남자들은 여자가 일정 나이를 지나면
쉽게 섹스하고 쉽게 부적절한 관계를 형성할 것이라는
이상한 믿음을 갖고 있는 것 같다.
제대로 존중하고 관계를 쌓는 것에는 서툰데다,
막상 건전하고 자유로운 성담론은 나누지도 못하면서
'다 알면 다 하는 것'이라는 근거 없는 공식을 적용한다.
아무리 다 알아도, 누군가랑은 해도,
그게 아무나와는 아니라는 목소리를 듣지 않는다.

TALK 13

여성을
향한
혐오의
시선들

;   우연한 기회에 맡은 사건에서 의뢰인의 지인으로 재판에 온 30대 초반의 한 청년을 알게 되었다. 그는 무언가를 집중적으로 취재해서 인터넷 매체에 글을 써서 알리는 일을 하고 있다고 자기소개를 하였다. 뿔테 안경에 남방셔츠, 어깨에 비스듬히 멘 서류가방까지 성실한 글쟁이 같은 인상이었다.

    지방에서 있었던 재판이라 의뢰인과 함께 셋이 저녁 식사를 간단히 마친 후 그와 함께 고속버스로 상경했다. 나란히 앉아 두 시간 가까이 이동하느라 자연스럽게 이런저런 이야기가 오갔다. 간간이 무언가를 물으면 그는 나와 눈도 잘 못 맞춘 채 얼굴을 붉히며 수줍게 답을 했다. 순진하고 순해 보였다. 그런데 대화를 나눈 지 얼마 지나지 않아 나는 깜짝 놀랐다. 그가 스스로를 일간베스트에서 왕성하게 활동하는 회원이라고 밝힌 것이다. 이후 더 놀랐다. 그와 여성혐오와 관련된 주제들을 이야기했는데, 그는 여성인 나와 토론하면서도 막말을 하거나 무례를 범하지 않았다. 내가 이것저것 주장을 펼치면 오히려 이런저런 질문을 하며 경청했다.

그래서 여성혐오를 널리 퍼뜨리고 있는 일간베스트 등에 대한 비판적 시각이 조금이라도 수그러들었느냐면 그렇진 않다. 다만 이 일을 통해 여성혐오를 노골적으로 드러내는 이들 중에는, 여성과 친해지고 싶은데 그러지 못하는 데 대한 원망이나 어려움을 혐오로 치환하는 사람이 있을지도 모르겠다는 생각만 어렴풋이 들었다. 그리고 궁금해졌다. 이런 사람들 역시 모두 여성의 몸에서 태어났는데 어쩌다 여성을 혐오하기에 이르렀을까? 그들이 혐오하는 것이 여성이 맞나? 그들에게 갈등을 준 문제가 젠더의 문제이긴 한 걸까?

개념녀와 김치녀 사이
여성을 향한 온갖 평가질과 불편

;   직장생활을 하던 어느 날엔가부터 사회에 온갖 '녀'가 넘쳐나기 시작했다. 처음엔 빠순이, 김여사 같은 단어들이 등장하더니 어느 순간부터는 된장녀, 김치녀, 개똥녀 등 각종 단어에 '계집 녀' 자를 붙인 신조어들이 속속 등장했다.

언뜻 생각하면 각각의 단어에 해당하는 그녀들이 한 행위는 실제로 손가락질당할 만하기도 하고 바람직하지도 않아 보인다. '빠순이'는 하라는 공부는 하지 않고 연예인을 탐닉하는, 주로 학생 신분의 어린 여성들을 일컫고, '김여사'는 안 되는 운전실력에 차를 가지고 나와 세상에 교통체증을 일으키는 여성을 말한다. 대중문화사전에 따른 '된장녀'의 의미는 된장을 발라주고 싶게 꼴불견인 여성을 말한다. 그 이유인즉슨 자신의 경제력은 부족하면서 부모의 돈으로 스타벅스 커피를 사 마시고 명품을 선호하기 때문이다. '김치녀'의 의미 역시 살벌하다. 포털 사이트 검색창을 통해 알아본 김치녀는 남성을 재화의 발판으로 여기는 여성을 가리키는 말로, 현대인의 기준에 미달하는 몰상식한 이들을 비하하는 용어다. 알다시피 '개똥녀'는 지하철에서 개똥을 치우지 않고 내려버린 여자다.

그래, 그녀들이 잘못했네. 그런데…. 왜 아이돌 보이그룹을 좋아하는 여학생은 빠순이가 되고, 걸그룹을 좋아하는 아저씨들은 삼촌팬이 되는 걸까? 걸그룹 좋아하는 남학생들은 없는 걸까? 학생이면 모두 공부를 잘해야 하나? 공부를 잘한다는 게 대체 뭘까?

운전을 하는 사람이라면 누구에게나 초보 운전자 시절이 있다. 여성이 남성보다 운전을 잘하지 못하는 생물학적인 이유가 있고 없고는 중요한 문제가 아니다. 남성 운전자보다 여성 운전자가 큰 교통사고를 더 많이 낸다는 말은 여태껏 들어본 적이 없다.

김여사든 김사장이든 운전이 서툰 사람들이 타인들에게 야기하는 것은 대체로 큰 위험이 아니라 작은 불편이다. 김여사를 향한 세상의 비난은, 실은 위험에 대한 것이 아니라 배려할 마음이 없는 사람들에게 끼친 불편에 대한 것이다. 그 비난을 하는 이들 역시 성별에 상관없이 한때 김여사 시절이었던 적이 있다. 신기하게도 한국 사람들은 걸핏하면 창문을 내리고 쌍욕을 발사하며 난폭운전을 하는 남성보다 앞에서 끙끙거리며 운전하는 여성을 발견한 순간 분노를 표출한다. 그래서 김사장 시리즈는 없어도 김여사 시리즈는 속편을 거듭하며 사람들의 입에서 입으로 장기흥행 중이다.

된장녀와 김치녀라는 단어의 시대는 김여사와 빠순이를 운운할 때보다 더 비합리적이고 비겁하다. 된장녀는 스스로 벌지 않은 돈으로, 자기가 벌 수 있는 돈으로는 하기 어려운 사치를 한다는 것이다. 스타벅스 커피와 명품백으로. 그로 인해 직접 피해를 보는 이도 없고, 그로 인해 건강을 해친다거나 성적이나 고과가 떨어지는 등 자신에게 해가 되는 부분도 없다. 그나마 손해를 보는 사람은 그녀의 부모인데, 정작 그걸 두고 왈가왈부하는 이들은 부모도 아니다. 비판을 할 수는 있겠지만 비난을 할 만한 정도인지는 세부적인 사항에 따라 달라진다.

그런데 같은 집에 사는 그녀의 오빠나 남동생은 어떨까? 부모의 돈으로 애인에게 명품백을 사주거나 외제차를 끌고 다니면서 스타벅스 커피 가격의 담배를 피우고 다닐 공산이 크다. 그럼 그들은 누구인가? 된장녀는 있는데 된장남은 없다.

김치녀에 이르면 세상의 시선이 좀더 내밀해진다. 김치녀는 왜곡된 남녀평등사상을 가지고 남자를 돈으로 평가한다는 것이다. 그런데 이는 개인의 사상과 가치판단의 문제이며, 그녀 개인의 이성관에 해당한다. 그녀와 실제 사귀는 것이 아니라면 그녀의 남자에 대한 평가 기준이 뭔지, 관계를 어떻게 이끌어 가는지를 알기도 어렵다. 그런데 세상엔 남자를 돈으로 보는 여자도 많지만, 여자를 외모나 돈으로 보는 남자는 더 많다.

더구나 남녀평등사상을 갖추지 못한 남자가 태반이다. 딸 같아서 캐디의 유두를 잡아당겼다는 변명이나 얼굴이 별로인 외국 마사지걸을 고르라는 발언을 언론에 대고 거리낌없이 하는 인사들이 국가기관의 수장 노릇을 하는 나라가 대한민국이다. 이들은 뉘신가? 김치남이란 단어는 들어본 적이 없다.

그녀들이 졸지에 '어떤 녀'에 등극한 것은 개념이 없어서인가, 아니면 남자들의 마음속에 존재하는 억울함을 건드렸기 때문인가?

굳이 이런 신조어들이 아니더라도 여성을 향한 사회의 시선은 그물같이 촘촘하면서도 다양하다. 학교에서는 공부만 잘해선 안 되고 얼굴도 예쁘고 상냥해야 한다. 예쁘지 않은데 자칫 사회가 원하지 않는 행동이라도 했다 치면 순식간에 '오크녀'에 등극하기 십상이다. 빠순이를 해도 욕을 먹지만, 남자들 앞에서 매력적인 여성 연예인을 너무 싫어하는 티를 내도 안 된다. 빠순이는 그나마 내가 좋아하는 사람을 열심히 좋아하다가 받는 오명이지만, 남자들이 좋아하는 여성 연예인을 좋아하지 않는 것만으로도 질투의 화신으로 조롱받는다.

열심히 일하고 월급을 모아 연휴에 큰맘 먹고 해외여행이라도 몇 번 하고 나면, 졸지에 된장녀 명찰을 달게 되기도 한다. 마음속 상상일 뿐 정작 만나보지도 못한 능력남 이상형을 자칫 잘못 읊기라도 하면 김치녀까지는 아니어도 무개념 어쩌고 하는 소리를 듣기 십상이다.

그뿐인가. 직장생활을 조금만 잘못해도 어려서 모른다, 군대 안 다녀와서 그런다, 결혼 안 해서 그런다, 결혼해서 그런다 시리즈가 여자들을 기다린다.

여혐주의는
비겁함에서 시작된다

; 여성들을 옭아매는 그물을 찢어버릴 결심을 했던 이유는 나 역시 그 그물을 신경 쓰고 있었기 때문이다. 신경이 쓰이니 불편했다. 불편을 감수하여 얻을 이익보다 불편의 무거움이 더 크다고 느낀 순간, 그물 밖으로 나오기로 했다. 그물을 찢고 몸을 그 사이로 밀어 넣어 빠져나오는 과정에서 나 역시 찔리고 상처도 입었다. 그러나 그 상처는 견딜 만했고, 그물 밖으로 나와보니 나를 한입에 삼키려고 아가리를 벌린 괴물이 있지도 않았다. 진즉 나올걸, 속은 기분이 들었다.

그럴 수밖에 없는 것이 이렇게 여자들을 향한 혐오의 시선을 던진 이들은 그런 괴물로부터 누군가를 보호할 수 있는 존재들이 아니었다. 여성혐오를 노골적으로 드러내든 마음속에 알처럼 품고 있든 마찬가지다. 그런 이들 대부분은 남자들이 고군분투해 이뤄놓은 재화나 기회를 여자들이 쉽게 취한다고 생각해 박탈감을 느끼거나, 자기가 열등해서 인정받지 못하는 계급과 계층에 속해 있다고 생각한다. 그 계급의 모두가 이러하다는 것이 아니다. 그 계급 안에서 잘못된 원인 분석으로 부실한 화살을 집어 든 이들이 애먼 곳을 향해, 약한 곳을 향해 시위를 당긴다. 그것이 '혐오'다.

혐오자들은 자기보다 약한 상대들을 향해 폭력적인 말을 쏟아 붓는다. 청년실업도, 결혼과 출산의 문제도, 안 풀리는 연애 문제도, 하다못해 도로 위의 불편마저도 다 여자 탓, 장애인 탓, 이주노동자 탓으로 돌린다. 강자를 미워하고 싸우는 것보다는 약자를 미워하고 싸우는 것이 쉽고 편하기 때문이다.

혐오는 비겁하고 위험하다. 약한 상대를 향해 혐오의 시위를 당기는 이들은 자기들이 잘못된 과녁을 향하고 있음을 알지 못한다. 자신들이 쏜 화살이 혐오스러운 괴물을 향하고 있다고 믿으며, 진짜 자신들의 삶에 위해를 끼친 힘 센 괴물을 만날까 봐 잘못 설정한 과녁을 버리지 못한다. 한편 애꿎게 혐오의 대상이 돼서 과녁이 된 이들은 이렇게 잘못 날아든 화살을 맞을까 봐 몸을 사린다. 그 화살이 어디를 향했어야 하는지에 대한 비판은 증발되고 그 화살이 이 과녁을 향한 것 자체의 잘못만이 이야기된다. 그렇게 혐오는 사회를 병들게 한다.

여성혐오 그리고 여혐주의자들의 행동에 내가 열받는 이유는 그들이 나와 생각이 다르기 때문이 아니다. 이처럼 비겁하기 때문이고 위험하기 때문이다.

나는 지금 여혐주의자들이 아니라 비여혐자들을 향해 여혐의 본질을 알고, 거기에서 빠져나올 것을 역설하고 있다. 그 이유는 비여혐자들이 여혐을 부추겼거나 방관했다고 생각해서가 아니다. 여혐주의는 무지에서 발현된 것이 아니라 비겁함에 근거한다. 여혐주의자들에게 그것이 옳지 않다고 아무리 알려준들 그걸 깨달아 바뀔 문제가 아니다. 그래서 비여혐자들을 향해 여혐의 논리와 프레임을 깨야 한다고 강조하는 것이다.

더불어 여성혐오는 여성이기에 앞서 사회적 약자이기에 채워진 억울한 족쇄임을 기억해야 한다. 여성혐오를 단순히 여성에 대한 차별이나 혐오의 문제로만 보고 열 받아서는 그 프레임을 깰 수 없다. 여성혐오는 비겁하고 나약한 혐오자들이 낳아놓은 수많은 을(乙) 혐오 중 한 갈래임을 직시해야 한다. 어느 순간 사회가 통으로 망각해버린 낮은 곳을 향한 존중과 예의의 문제를 함께 고민해야 한다. 그런 마음으로 여혐주의자들이 쳐놓은 그물을 끊어나가다 보면, 혐오를 통해 느꼈던 분노가 내 삶과 사회를 함께 비추는 예쁜 불꽃으로 바뀔 것이다.

TALK 14

법원의
판결이
피해자를
두 번
울린다

;   최근 환자의 신체 부위를 몰래 촬영한 의사에 대해 신상정보를 공개하지 않기로 하는 판결이 나와 논란이 일었다. 이 의사는 2012년에 같은 죄명으로 유죄가 확정되어 벌금형을 선고받은 적이 있는 상습범이었다. 그럼에도 재판부는 의사라는 직업을 고려할 때 신상을 공개하면 불이익이 너무 크다는 이유로 신상정보를 공개하지 않도록 결정했다.

예민해도 괜찮아

여러 가지로 업무에 서로 도움을 주고받는 여성단체의 한 활동가가 "요즘 성폭력 사건에서 하도 기막힌 일들이 많아 반격의 시대라고 한다잖아요"라고 농담 반 진담 반 이야기를 건넨 적이 있다. 그 정도로 성범죄에 대한 우리 사회 검찰의 기소율이나 법원의 양형은 현실과 동떨어져 있다. 연습생으로 있던 중학생을 임신시킨 기획사 대표가 '우린 서로 사랑하는 사이'임을 주장해 무죄를 인정받고, 가출한 중학생을 성폭행한 피고인이 모텔비 일부를 중학생이 냈으니 합의였다는 주장이 법정에서 쟁점이 되는 판이다.

그러니 환자의 신체 부위를 계속해서 촬영해대는 의사에 대해 잘 먹고 잘사는 문제에 지장을 줄 수 있어 신상을 공개하면 안 된다는 판결이 특별히 더 이상하다고 말하기도 민망하다.

가해자 입장에 편중된
법원의 판결들

; 얼마 전 여성가족부에서 주관한 워크숍에 참여했다. 조직 내 성폭력 사건의 해결을 지원하는 실무자들을 위해 마련된 자리였다. 일선에서 피해자와 상담을 진행하고 사건을 지

원하는 여성단체 활동가 한 분이 실제 사례에 대한 발제를 맡았다. 발제 도중 발제자도 울컥하고 듣는 사람들도 마음이 먹먹했던 사건이 하나 있었다. 공주대학교 미술교육학과 교수들이 학생들을 성추행한 사건으로 언론에도 보도된 것이었다.

이 사건의 가해자 교수들은 강의실과 노래방 등에서 여학생 네 명에 대하여 각각의 신체 부위를 손으로 쓸어내리거나 두드리는 등의 성추행을 하였고, 피해 학생들이 용기를 내서 문제제기를 하면서 공론화되었다. 교수들은 1심과 2심에서 각각 벌금을 선고받았다. 공주대학교 측은 사건 직후 이 교수들을 직위해제하였다. 문제는 그중 한 명이 이 처분을 취소하라는 행정소송을 제기하여 승소해 항소심이 진행 중이고, 다른 교수 한 명은 이미 복직하여 같은 과에서 수업을 진행하고 있다는 사실이었다.

학생을 지도하고 보호해야 할 지위에 있는 교수가 그 지위를 악용하여 학생들을 성추행하였는데, 그에 따른 처벌이 고작 벌금 몇백만 원에 불과하다니 참으로 허무한 노릇이다. 그런데 그보다 더한 문제는 그런 교수들이 일선에 복귀한다는 것이다. 가해자인 교수들이 지위를 회복하여 학생을 가르친다는 것만이 문제가 아니다. 피해를 당할 때 1학년이었던 학생들은 그사이 4학년이 되었다. 학교를 1년 이상 더 다녀야 한다.

행정법원의 직위해제처분 무효 판결과 학교 측의 징계 기준에 따른 복직으로 피해자 학생들은 가해자 교수에게 다시 수업을 듣고 학점을 받아야 하며, 심지어 진로지도까지 받아야 하는 상황에 직면하였다.

그러지 않아도 '교수가 실수 좀 했다고 어린 제자들이 고소해서 인생을 망쳐놨다'는 식의 인식과 쑤군거림이 여전히 존재하는 판이다. 그런 사회에서 전학도 갈 수 없는 대학생인 피해자들이 고소 후 수사와 재판이 진행되는 동안 얼마나 마음고생이 심했을지는 불을 보듯 뻔하다. 피해자들과 함께 지난 3년을 싸워온 활동가는 피해 학생들이 "우리가 대체 왜 싸운 걸까요"라고 물어오는데 할 말이 없었다고 말하며 목이 멨다.

일선에서 재판을 진행하는 판사들과 이야기를 해보면 그들에게도 애환이 있다. 조직 내 성범죄의 경우 양형을 세게 하거나 취업 제한, 신상정보 공개를 하면 당사자와 가족의 생계가 함께 문제가 된다. 그래서 그 유무죄 여부를 보다 세심하게 판단하고 양형이나 기타 처분에 대해서도 그런 고민을 하게 된다고 한다. 대개의 가해자가 남성이고 다른 종류의 범죄를 저지르지 않고 직장생활 등 경제활동을 해온 가장이 많기 때문에 더 신경이 쓰인다는 이야기도 한다. 법에도 심장이 있음을 보여주어야 하는 입장에서 보면 그런 마음이 전혀 이해가 되지 않는 것도 아니다. 그런데 그 인간적인 시선마저도 가해자 입장에 편중되어 있진 않은지 반드시 돌아봐야 할 문제다.

가해자와 다시 갑을의 관계로 만나게 되는 피해자의 난감함은 조직 내 성범죄에서만 있는 게 아니다. 가정에서 성적으로 학대받은 아이들의 문제도 마찬가지다. 학대받았던 아이들이 학대받았던 공간으로 다시 돌아갈 수밖에 없는 것이 우리 법과 제도의 현실이다. 그런데 같은 공간으로 가는 것만이 문제가 아니다. 피해자 아이들을 가해자 부모나 친인척이 부양해야 한다는 것이 감형 사유가 되고, 때로는 집행유예가 되기도 한다.

법원의 이런 양형은 어렵게 용기를 낸 피해자들에게 '굳이 왜 용기를 냈을까'라는 후회와 자책을 남긴다. 같은 공간에서 다시 갑을관계로 만나지 않는다 하더라도 상황은 같다. 그뿐 아니라 이 과정을 지켜본 주변인들에게도 그런 용기에 대한 회의감을 학습시킨다.

이렇게 법원의 판결은 당사자에게만 영향을 미치는 것이 아니다. 그래서 현재 법의 온정이 가해자의 입장에 편중되어 있지 않은지, 어쩌면 법이 담보해야 할 처벌과 원망의 부담을 피해자에게 전가하는 것이 아닌지, 더 나아가 그 판결을 둘러싼 사회에 잘못된 학습을 시키는 것은 아닌지를 더 열심히 고민해야 한다.

피해자들의 용기가
사회를 바꾼다

;　　　하루에도 몇 번씩, 마지막 보루처럼 법을 찾는 피해자들이 실제 법이 적용되는 과정이나 결과 앞에서 받는 실망과 상처를 만난다. 내가 맡거나 마주하게 되는 사건들을 통해서 또 언론 매체에 보도되는 기사들을 통해서.

성폭력 사건 대부분은 신체적으로나 정신적으로 상처를 남긴다. 보이는 상처보다 보이지 않는 상처가 더 깊고 오래간다. 더욱이 법에 호소하여 가해와 피해를, 죄와 벌을 소명받는 과정은 길고도 힘겹다. 이미 발생한 피해에 심신이 너덜너덜해진 피해자가 용기를 내기란 무척 어려운 일이다. 간신히 힘을 낸 피해자에게 길고 지난한, 거기다가 법이 내려주는 결과마저 불확실하고 미진할 수 있는 과정을 권한다는 것 역시 쉽지 않다. 그래서 수사기관이나 법원이 피해자보다 가해자의 입장에 좀 더 편중된 것처럼 느껴지는 결과들을 접할 땐 한편 이해하면서도 마음이 답답하고 울컥해진다.

그럼에도 내 손을 잡고 걸어가는 피해자들과 다른 누군가의 손을 잡고 걸어가는 피해자들에게, 그런 사건들의 주변에 있는 사람들에게 용기 내도 괜찮다고 말하고 싶다. 망각도 좋은 치유법이겠지만, 죄를 벌하고 피해를 소명받는 것은 그 자체로 가장 큰 치유가 된다. 때론 결과가 원치 않은 방향으로 나기도 하고, 생각한 것보다 미진할 수도 있다. 그러나 그 과정만으로도 필요했던 상당 부분은 이미 채워진다.

그뿐 아니라 피해자들이 낸 용기는 판사의 판결만큼이나 사건의 가해 당사자를 비롯하여 수사기관에, 법원에, 사회에 영향을 미친다. 원래 법의 변화는 사회의 변화보다 느리고 보수적이다. 일견 답답해 보이지만 법이 사회를 지탱하는 축이 될 수 있는 이유이기도 하다. 이런 법과 그 적용의 변화는 결국 사람에게서 나온다. 많은 문제제기와 피해자가 흘린 땀과 눈물로 수사기관이나 법원의 시선과 실천이 바뀔 것을 믿는다.

아프지만 자신을 위해, 그리고 좀더 나은 사회를 향해 어렵게 용기를 낸 피해자들에게 진심 어린 박수를 보낸다. 공주대학교의 4학년 피해 학생들에게도 그러하다. 많이 힘들고 애쓴 시간이었으리라는 사실을 그저 미루어 짐작만 할 뿐이지만, 그리고 좀 주제넘지만 그들에게 하고 싶은 말을 여기 남겨본다.

"나는, 용기 있는 청춘이었고 그래서 아팠겠지만 환자로 남지 않은 여러분이 대견하고 고맙습니다. 아픔을 떠안고 떨쳐내야 하는 환자가 되는 대신에, 아프면 아픈 대로 때로는 그 아픔을 이겨내기도 하고 때로는 그 아픔을 즐기고 인내하며 마침내는 그 아픔을 팔짱 껴 희로애락 함께 겪은 친구로 승화시킨 여러분이 멋있습니다. 속상한 마음에 '우리가 했던 일의 의미가 뭐냐'고 질문했던 여러분과 따뜻한 차라도 한잔 나누며 꼭 이야기해주고 싶은 게 있어요. 판결은 법원이 하고 결정은 조직이 하지만, 어떤 사건과 과정에 대한 진정한 평가는 그들이 하는 것이 아닙니다. 그 과정을 잘 지나온 자기 자신, 그로 인해 생긴 작은 변화들을 빚진 사회의 몫입니다. 여러분의 질문은 이미 많은 실무자들에게 미안함을 느끼게 하는 울림이 되었습니다."

TALK 15

**직장 내
성희롱
예방 교육은
무뎌진
감성을
깨우는 기회**

; 첫 책을 출간한 이후로 가끔 강의를 하게 됐다. 변호사가 되기 전 로스쿨에 다닐 때였다. 당시 나를 부르는 곳들은 대개 대학이거나 여성단체였다. 전반적인 주제는 책과 관련된 저자 강의이거나 진로를 모색 중인 학생들에 대한 멘토링 강의였다. 버라이어티 쇼처럼 요란했던 2030 직장생활을 거쳐 예비 법조인이 되어, 이제는 후배들 앞에서 조언을 하는 입장에 선

것이다.

변호사가 되고 나서는 강의가 늘었다. 대학은 물론 중학교나 고등학교도 가고, 여성단체뿐 아니라 지방자치단체나 기관, 각종 협회에도 갔다. 가는 곳들이 다양한 만큼 주제도 각각 달랐다. 때론 직장 내 성희롱 등 조직 안에서 만나는 성폭력에 대해 이야기하기도 하고, 장애인 복지시설이나 교육 현장에서 종사자들이 맞닥뜨리는 성폭력이나 폭력에 대한 이야기를 하기도 했다. 데이트성폭력에 대한 집중 강의를 하기도 하고, 사회안전과 공무원 청렴 혹은 내부고발자를 향한 시선에 대한 주제도 있었다. 꿈과 진로에 대한 이야기도 건네고, 성폭력을 포함하여 학내에서 일어나는 폭력에 대한 담론을 구성하기도 했다.

나중엔 번데기 앞에서 주름잡는 격으로 성폭력 관련 활동가들을 대상으로 이런저런 최근 사건 유형이나 대처를 떠들기도 했다. 내가 이런 이야기들을 건넬 만한 자격이 있는지가 항상 고민스러웠지만, 나의 경험도 나누고 그걸 준비하고 나누는 과정에서 나도 새롭게 배우고 느끼는 것이 많았다.

직장인을 대상으로 직장 내 성희롱을 주제로 하는 강의는 오히려 가장 늦게 시작됐다. 내가 관통해온 경험과 가장 밀접하다고 할 수 있을 터인데 말이다. 교육을 주관하는 사측 입장에선 대기업과 법적 다툼을 벌여 세간을 시끌벅적하게 하며 승

소했던 당사자를 불러 직원들 앞에 세우기도 쉽진 않았을 것이다. 나로선 이미 일어난 직장 내 성희롱 관련 송사야 늘 하는 일이지만 예방과 관련해서 다르게 말할 수 있는 게 뭐가 있을까 싶어 고민이 됐다. 본업인 송무만으로도 바빴고 말이다. 그래서 몇몇 기업에서 연락을 받긴 했지만 망설이다가 거절했다.

그러다가 휴가철을 맞아 중국으로 휴가를 갔는데, 모 대기업에서 연락이 왔다. 직장 내 성희롱 예방 교육을 조금 다른 차원에서 진행해보고 싶다는 얘기였다. 비싼 휴대전화 로밍인 데다가, 그 회사 자체가 수년 전 직장 내 성희롱과 관련된 사건으로 세간에 회자된 적이 있는 곳이었다. 그래서 처음엔 대충 거절하고 끊으려고 했다. 그런데 전화를 건 담당자가 다급히 덧붙였다. 회사 대표이사가 꼭 나를 부르라고 했다는 것이다.

여행을 떠나기 전 주에 MBC 〈PD수첩〉과 KBS 〈취재파일K〉에서 직장 내 성희롱을 다루었는데, 그 프로그램들에 내 인터뷰 장면이 나갔다. 대표이사가 그걸 본 후 꼭 나를 불러서 직원들 모두가 이야기를 듣는 자리를 마련하라고 했다는 이야기였다. 강의 자체에 대한 흥미보다 그 회사에 대한 흥미가 생겨 기업에서 직장 내 성희롱 예방 교육을 해보기로 결정했다.

'갑을관계' 프레임으로
성희롱 예방 강의안을 다시 짜다

;   처음엔 이 강의를 거절하느라 강의료를 비싸게 불렀다. 그런데 부르는 쪽의 의지가 워낙 강했는지 그 비용에 낙찰(?)이 됐다. 괜히 비싼 강의료를 부르는 바람에 부담만 몇 곱절이 됐다. 여성가족부나 이 분야 전문 강사로 일하는 지인들을 통해 관련 강의 자료를 받아봤는데, 같은 걸 가지고 비슷한 이야기를 할 거라면 굳이 내가 가야 할 이유가 없다는 생각이 들었다. 그건 자존심이 허락하지 않았다. 나를 부른 주체가 중요한 것이 아니라 내 이야기를 들을 객체가 중요했다.

한때 나는 직장인이었다. 아무 일이 일어나지 않았던 시절에 회사에서 이런 교육을 받아왔으며, 일이 일어난 후 회사와 전쟁을 벌이던 시절에도 이런 교육을 받았다. 예전의 나와 같은 직장인들 앞이니 더 잘하고 싶었다. 좀더 근원적인 이야기를 하고 싶었고, 그러면서도 마음에 와 닿는 현실을 전해주고 싶었다. 남자 직원이 절대적으로 많은 회사였기 때문에, 소수의 여자 직원이 직접 전하기 어려워하는 이야기를 대신 해주고 싶었다. 또한 상생해야 하는 공동의 공간이니 가해자도 피해자도 되지 않을 수 있도록 환기하고, 계속 고민해야 할 주제도 던지고 싶었다. 욕심이 많았다. 그 와중에, 재미없고 지루한 이야기를 하게 될까 봐 걱정도 됐다.

변비 환자처럼 끙끙대며 고민은 계속하는데 방향이 쉬이 잡히지 않았다. 미리 강의 내용을 공유하고 점검할 수 있도록 자료를 보내주기로 한 날짜가 코앞에 닥쳤지만 한 장도 만들지 못했다. 그러다가 강의 자체에 대해서가 아니라 내 안에서 장애가 되는 것이 무엇인지를 스스로에게 다시 질문하게 됐다. 솔직해지기로 했다. 자기검열 따위, 뭐뭐 해야 한다는 고정관념이나 의무감 따위를 접었다. 그랬더니 나는 내가 그동안 들어왔던 이야기를 하고 싶은 것이 아니라는 결론에 도달했다.

옳고 그르고 더 낫고 아니고를 떠나서, 다른 이야기를 하고 싶은 이유가 있었다. 과거에 직장생활을 하던 12년 9개월 동안 노동부의 매뉴얼을 칼같이 지키는, 연간 횟수를 맞춘 엄선된 수준의 직장 내 성희롱 예방 교육을 받았었다. 매년 비슷하게 어떤 행동이 성희롱이고, 그런 성희롱이 남녀고용평등법 위반이며, 노동부에 진정할 수 있다는 교육을 받았다. 덕분에 사람들은 몇 가지 확실한 금기들을 알게 됐고 회사는 노동법을 준수했다는 기록을 남기게 됐다.

그러나 그 교육이 직원들에게 크게 울림을 주었거나 남성중심 조직에 변화를 가져온 것 같지는 않다. 교육이 끝나면 상사들은 조심해야겠다는 둥 시답지 않은 농담이나 몇 번 던지고 말았고, 대개는 그마저도 하지 않았다. 기존에 하던 각종 헛소리나 무례를 여전히 이어갔다. 듣긴 들었으되 듣지 않은 것이고, 암기사항은 남았으나 담론거리는 남지 않았다.

그래서 내용상으로나 구성상으로 탄탄하게 만들어진 기존의 강의안을 버리기로 했다. 그 강의안의 내용은 이미 왕성하게 활동하고 있는 훌륭한 전문 강사분들이 나보다 훨씬 더 잘 전달하고, 그 안에서 의미 있는 이야기들을 이끌어낼 터였다.

나는 강의 주제를 직장 내 성희롱이 성 문제가 아니라 갑을관계라는 계급 문제임을 설득하는 데 초점을 맞추고 프레임을 다시 짰다. 우리 사회가 빠른 속도로 달려오면서 잃어버린 것이 무엇인지를 살펴보고, 인간에 대한 예의와 배려의 관점에서 성차별이나 성희롱, 연령이나 서열에서의 무례를 돌아보는 구성으로 진행했다.

직접 접하고 있는 반복적인 직장 내 성희롱 사례들을 스토리텔링해서, 피해자의 시선과 가해자의 변명 그리고 주변인의 역할에 대한 이야기도 들려주었다. 그리고 거기에 내 이야기를 넣었다. 평범한 신입사원의 삶으로 시작해서, 사건 피해자로 인터뷰를 하던 날들의 뉴스 영상을 보여주고, 최근 변호사로 활동하면서 촬영된 영상을 보여주었다.

피해자가 된다는 것이 어떤 것인지를, 피해자일 때와 아닐 때를 체감할 기회를 만들고 싶었다. 문제가 가중되는 과정에도, 또 잘 극복되는 과정에도 함께하는 주변인들이 어떤 역할을 하는지를 조금이라도 실감할 수 있도록 하고 싶었다. 최고의 예방은 구성원들이 함께 조금씩 변화하며 공감하고 문화를 일구는 것이라는 점, 그리고 예방만큼 중요한 것이 대처라는 점을 강조하고 싶었다. 사건은 어디서든 일어날 수 있지만, 그 일이 어떻게 처리되느냐에 따라 누군가를 극단적으로 불행하게 만들 수도 있다. 하지만 거꾸로, 누구도 불행해지지 않은 채 모두를 위한 좋은 토양이 되기도 한다는 것을 직원들에게도 사측에도 강변했다.

강의를 듣고 나서 청중 각자의 마음에 어떤 작은 씨앗이나마 던져졌는지는 알 수 없지만, 표면적인 반응은 나쁘지 않았다. 나 역시 강의를 준비하는 동안 그간 바삐 달려오느라 깊이 생각해보지 못한 질문을 스스로에게 던지며 많이 배우고 느낄 수 있었다.

피해자 입장에서 보고
주변인의 역할을 제대로 짚기를

;   기존의 직장 내 성희롱 예방 교육은 긴 시간 동안 여러 시행착오와 경험을 거쳐 다듬어져 온 것들이고, 그 주된 내용 역시 반드시 안내되고 교육돼야 할 것들이다. 또 내가 퇴사한 지 벌써 꼬박 5년이 지났으니, 그간 많은 변화가 있었을 것이다. 나는 이 분야에서 매우 열정적이고 강의력이 좋은 전문 강사분들과도 교우하고 있다. 이분들은 내가 이런 교육에서 아쉬워하거나 제언하는 부분을 이미 반영하고 실천해가고 있기도 하다.

다만 그럼에도 이런 강의를 하는 강사나 활동가들, 강의를 주관하는 기업 담당자, 노동부나 여성가족부 담당자들이 함께 고민했으면 하는 부분이 있다. 과거에 그와 같은 교육을 직장인으로서 받던 수강생이었기도 하고, 같은 목적을 향해 조금 다른 일을 하고 간간이 강의를 해보게 된 입장에서 느끼는 바를 정리해보겠다.

우선, 아직까지도 직장 내 성희롱 예방 교육은 피해자의 시선보다 가해자의 시선에 맞춰져 있는 부분이 많다. 피해자 입장에서 갖는 성적 수치심이 무엇인지, 그것이 어디서 생겨나는

지를 알려주기보다는 가해자 입장에서 해선 안 되는 행동들을 예시하는 데 많은 시간을 할애한다. 문제가 발생했을 때 회사에 알리면 회사가 원칙대로 공정히 처리하겠다는 의지가 표명되기보다는, 될 수 있는 대로 문제가 커지지 않길 바라는 회사의 입장이 투영된다. 형사고발이든 노동부나 인권위에 진정을 하는 것이든 회사가 피해자의 손을 잡고 같이해주겠다는 의지를 보이는 교육 자료는 본 적이 없다.

특히 평소에 가해와 피해로 이어질 수 있는 아슬아슬한 상황에서 주변인들이 할 수 있는 역할이나 노력해야 할 공동체 문화에 대한 지적이 적다. 교육 과정에서 주변인이 될 확률이 높은 사람들을 향해 피해자와 가해자를 타자화해서 보여주는 것은 그냥 '남의 일'을 한 번 더 구경시키는 것과 같다. 잠정적 피해자를 위해 관련 법규와 진정 방법을 교육하는 것도 실익이 적다. 피해를 입더라도 주변의 시선들이 부담돼서 고민하게 된다는 게 더 핵심이다. 피해자 입장에서도 가해자 입장에서도 주변인이 이것을 어떻게 바라봐야 하는지, 즉 어떻게 바라보게 될 것인지를 알 수 있어야 한다.

근본적인 문제를 고민하고 담론화하지 않으면서 성적 문제로만 접근하는 직장 내 성희롱 교육은 한계가 있다. 권력관계 하에서 아랫사람을 대하는 예의의 문제를 고민해보지 않은 상대적 갑들에게 을들이 어떤 성적 수치심을 느끼는지를 백날 설명해봐야 먹히지 않는다. 권력관계 안에서 갑들이 상대적 을들과의 소통과 공감을 위해 노력하지 않는 한, 그들에게 직장 내 성희롱은 부끄러운 행동이 아니라 불편하고 거추장스러운 금기일 뿐이다. 자기가 당한 일이 직장 내 성희롱인지 아닌지가 성적 수치심이라는 법적·사회학적 단어로만 이야기돼서는, 피해를 인지하거나 대처하는 것도 단편적이 되기 십상이다. 직장은 노동력을 파는 자리이지 인격을 파는 자리가 아니다. 그 일과 하등 상관없이 이루어지는 인격적으로 모욕하는 발언이나 행위, 신체적 접촉은 현재 제공하고 있는 노동에 포함된 것이 아니다. 노동에 대한 평가가 인격에 대한 평가가 될 수 없음은 당연하다. 관계에 대한 평가를 노동에 대한 평가로 치환하여 적용하는 행태는 인격에 대해서도, 노동에 대해서도 모욕이 된다.

이렇게 성별이나 조직의 서열이 인격의 차등이 될 수 없다는 자존감과 평등 의식을 이야기하지 않은 상태에서는 건강한 "노"를 하기 어렵다. 내가 존중받아야 하고 나도 존중해야 한다는 것을 배우지 못한 을들은 결국엔 존중할 줄 모르는 갑이 된다.

이런 문제를 강의하는 입장이나 활동가들만이 공유한다고

될 일이 아니다. 사실 이들은 이런 문제를 가장 잘 아는 일선의 사람들이다. 교육을 주관하는 사측이 법에 명시된 교육이수에 대한 의무방어전이나 시끄러워지는 것을 예방하기 위한 방편이라는 시각을 버리는 것이 시급하다. 자존감 떨어지는 구성원들이, 예의와 배려가 부족한 조직이 궁극적으로 생산성이 높거나 분위기가 좋을 리 없다. 눈앞의 유리함이나 편리함을 추구하기에 앞서서 직장 내 성희롱 예방 교육을 공동체를 양질의 방향으로 나아가게 하는 기회로 바라보아야 한다.

조금 더 깊이 있는 인문학적 고민과 다양한 담론이 이어질 수 있도록 강의 주제나 강사의 폭을 다양화하는 적극적 노력도 필요하다. 노동부나 여성가족부, 교육부 같은 행정기관에서 지침을 만드는 담당자들 역시, 성희롱이나 성폭력에 대한 어떤 기준이나 매뉴얼을 만들고 배포하는 과정에서 이러한 주제들을 염두에 두어야 한다. 데이트 비용을 남자가 전담하게 되면 데이트성폭력 위험이 커질 수 있다는 허튼소리가 떡하니 지침으로 나온 적도 있는데, 이는 지식의 부족이 아니라 가치철학의 부재 때문이다.

내가 존중받아야 하고
나도 존중해야 한다는 것을
배우지 못한 을들은
결국엔 존중할 줄 모르는 갑이 된다.

TALK 16

여성가족부는 누구를 위한 곳일까?

; 한 일간지에서 교육부가 최근 성폭력을 저지른 교원에 대하여 소위 '원스트라이크아웃제', 즉 한 번이라도 잘못하면 교단에 서지 못하도록 강력하게 대응하겠다고 한 것에 대해 의견을 구해왔다.

교단에 서는 교사가 동료 교사나 가르치는 학생을 대상으로 성폭력을 저지른 후, 이를 문제제기한 학생이 아직 학교를 다니는 상황에서 동일한 학교로 복귀하는 것은 필경 큰 문제다. 이에 대하여 교육부가 보다 강력한 대응을 하겠다는 의지를 피력한 것은 환영할 만한 일이다. 그러나 이런 강력한 대응이 반드시 긍정적이기만 한 것은 아니다. 죄와 벌의 형평성이 제대로 적용되지 못하면 예방으로 이어지기보다 은폐로 이어질 확률이 더 크고, 법을 적용하는 검사나 법관은 더 보수적으로 판단할 수밖에 없는 부작용이 생길 수 있기 때문이다.

이에 대해서 의견을 주고받다 보니, 이렇게 성폭력 피해자가 가해자가 있는 가정으로 돌려보내지거나 성폭력 가해자가 피해자가 공부하고 있는 학교로 돌아오게 되는 구조적인 문제에 대해 여성가족부가 가이드라인을 제시하고 주도적으로 이끌지 못한다는 아쉬움이 들었다.

이런 대화 끝에 기자가 물어왔다. 여성가족부의 정책에 대해 어떻게 생각하느냐고. 고민이 됐다. 정부의 여성 정책이 완벽해서가 아니었다. 오랜 시간 여성계가, 사회가 꼭 해야 하는 최소한의 것들에 대해 계속해서 꾸준히 해오고는 있으니 딱히 뭘 '안' 한다고 질책하거나 제언하기가 어려운 탓이었다. 그런데 그것이 이유의 전부는 아니었다.

20대부터 30대에 걸쳐 직장생활을 하면서 시끌시끌한 사건의 당사자이긴 했지만, 사실상 나는 이날 이때까지 딱히 여성가족부의 존재감을 느낄 만한 일이 없었다. 나는 한 가정의 막내딸로 태어나 결혼하지 않은 채 부모님의 가족 구성원으로 살아왔다. 그러니까 나는 '미혼녀' 아닌 '비혼녀'이고, 집이 지방이라 서울에서 자취를 해야 했다면 1인 가구를 형성했을, 싱글 여성이다.

성폭력 피해와 같은 특별한 일이 발생하지 않는 한 여성가족부의 혜택을 딱히 볼 일이 없는 입장이었다. 그러면서도 여성가족부가 있다는 것만으로 박탈감에 폭주하는 못난 남자들과 학교나 직장에서 논쟁깨나 벌이고 다녔다. 우리 사회에 여성 부처가 존재해야 한다는 생각은 그런 논쟁을 벌이던 때나 지금이나 다르지 않다. 그럼에도 진 빠질 정도로 격한 대리전(?)을 치르고 돌아오는 시간마다, 대체 내가 왜 이러고 있나 하는 생각도 종종 들곤 했다.

이런 생각은 2000년대 들어와서 훨씬 심해졌다. 왜냐하면 한국의 여성 부처는 음전한 중전마마 캐릭터처럼 조용해서 존재감이 잘 느껴지지 않기도 했을뿐더러, 정작 여성인 나와 직접적인 연관성이 없었기 때문이다. 현재 여성 부처의 정책이나 예산은 성폭력 대응이나 기혼녀들이 자녀를 낳아 기르면서 일을 할 수 있도록 하는 데에 초점이 맞춰져 있다. 답답한 마음에, 친구들과 여성가족부라는 이름 대신 출산가족부로 이름을 바꾸는 게 낫겠다는 자조 섞인 농담을 한 적도 있었다.

남녀고용평등법에
'일·가정 양립 지원'이 붙은 까닭

;　　　사람들이 흔히 '고평법' 또는 '남녀고용평등법'이라고 부르는 법률은 기실 '남녀고용평등과 일·가정 양립 지원에 관한 법률'이라는 긴 이름을 가지고 있다. 직장 내 성희롱을 금지한다거나 직장 내 성희롱을 회사에 고지한 이에게 불이익을 주지 못하도록 한다는 내용도 이 법률에 근거하고 있다. 부끄럽게도 여성 취업 준비생이었고 여성 노동자였지만 당사자로서 내 소송을 하게 되면서야 이 법률이 그저 남녀고용평등만이 아니라 일과 가정의 양립을 함께 다루는 법률임을 알게 되었다.

이 법이 존재한다는 것은 엄청나게 감사한 일이다. 그럼에도 반드시 한 번쯤 생각해볼 지점이 있다. 어째서 이 법의 이름이 그냥 '남녀고용평등법'이 아니라 '남녀고용평등과 일·가정 양립 지원에 관한 법률'일까? 이 법의 어느 조항이나 영역이 사라져야 한다는 이야기가 아니다. 출산과 육아로 인하여 여성이 받아온 또는 받을 수 있는 불이익의 문제가 남녀고용평등이라는 문제와 무관하다는 것도 아니다. 법의 제목은 법의 취지를 드러낸다. 그런 면에서 볼 때 '남녀고용평등'이면 채용부터 고용의 전반적 상태를 아우르는 것인데도, 부득불 그 고용상태 중 결혼해서 출산을 하고 한창 양육을 하는 시기에 불이익을 주지 않아야 한다는 것을 사뭇 강조하는 모양새다.

　이 법이 제정되고 개정되어온 역사를 생각해보면, 그리고 그동안 우리 사회에서 결혼과 출산이 여성의 고용에 어떤 불이익을 가해왔는지를 돌아보면 이런 법 이름이 이해 안 되는 것도 아니다. 그러나 고용 자체가 날로 어려워져가는 이 나라에서 오늘날 남녀의 고용 상태가 외관적으로나마 향상된 것은, 우리 사회에 가부장적 질서나 차별이 완화되어서가 아니다. 그 영향이 전혀 없진 않겠지만, 우리 사회의 채용시장이나 직장 내에서 남녀의 평등성을 향상시킨 것은 아이러니하게도 저출산 시대 자본주의의 활약에 의해서다. 사회와 국가에 여성이 일도 하고 결혼해서 아이도 낳고 하는 것이 필요해졌기 때문이고, 기업이 여성 인력을 운용하는 것이 자신들의 이윤 추구에 유익했기 때문이다.

　법 명칭에 시비를 걸고자 이렇게 긴 이야기를 늘어놓은 것이 아니다. 내가 얘기하고자 하는 것은 그 법의 내용이다. 사회가 빠르게 변하는 반면, 법은 그 속도는 따라가지 못하지만 그 이데올로기는 충실히 반영한다. 과거 남녀고용평등에 가장 큰 걸림돌이 된 것은 출산한 여성 인력에 대한 불이익의 문제였다. 그래서 남녀고용평등을 말하는 데 일과 가정의 양립은 따로 부각시켜 강조할 만한 사안이었다. 그러나 오늘날에는 범국가적으로 여성이 일과 가정을 양립하지 않으면 사회의 존립이 위협을 받는 시대가 되었다. 즉, 현재 '남녀고용평등과 일·가정 양립 지원에 관한 법률'이라는 이름은 그 법을 지켜야 하고 그 법의 적용을 받는 여성의 필요보다 위정자나 기득권층이 지향하는 이데올로기를 더 주되게 반영하고 있다는 뜻이다.

여성가족부가 존재하는 이유는
가족이 아니라 여성에 있다

; 여성가족부의 정책을 말하는 지면에 난데없이 남녀고용평등법으로 이야기를 시작한 것은 이러한 상황이 오늘날 여성가족부의 현주소와 닮아 있기 때문이다. 여성가족부 홈페이지를 보면, 여성 일자리나 여성 인재 아카데미와 같은 사업들도 운용되고 있다. 그런데 대부분은 출산 지원과 관련된 사업들에

편중되어 있음을 발견할 수 있다. 한부모 가정에 대한 지원, 미혼모 가정에 대한 지원, 다자녀 가정의 출산과 양육에 대한 지원, 경력단절 여성 인력에 대한 지원 등 여성가족부가 적극적으로 나서서 밀고 있는 정책들이 무엇인지 대번에 알 수 있다.

당연히 여성가족부가 나서서 해줘야 할 일들이지만, 씁쓸하다. 한국 여성 중에 20대 대부분은 아직 결혼하지 않은 여성들이고, 30대 역시 상당수가 그렇다. 결혼을 했다 하더라도 이혼율이 적지 않고, 출산을 하지 않는 여성들도 상당수 존재한다. 즉 오늘날 우리 사회에는 출산을 하지 않은 젊은 여성들도 많고, 1인 가구도 다수다. 그럼에도 여성가족부의 정책과 사업은 결혼한 여성 또는 결혼했던 여성에 집중되어 있다. 아니 더 정확히는, 출산했거나 출산할 여성들을 전제로 하고 있다. 간판만 여성가족부일 뿐 사회와 일상에서 벌어지는 차별의 문제보다 출산과 양육에 매달리는 그저 '가족부'에 가깝다.

내 또래의 여자 친구들과 이야기를 나누던 중 신문사 기자인 친구가 푸념 섞인 어투로 이런 말을 했다.

"1990년대에 말이야. 우리를 알파걸이니 어쩌니 불렀었잖아. 그런데 그 많던 알파걸은 다 어디로 갔을까? 그리고 사실 시대가 달라지긴 했어? 오히려 전보다 관심사가 더 극단적이 되지 않았니? '어디에 취업할까', 그다음엔 '여길 계속 다닐 수 있을까' 그런 거잖아. 우리 부모들이 알파걸인 딸들에게 의대를 가라고 했던 이유를 생각해봐. 지금 달라졌어?"

'남녀고용평등과 일·가정 양립 지원에 관한 법률'은 애초에 고용을 전제로 한다. 그건 비단 이 법만이 아니라 통상의 노동법도 마찬가지다. 그러니 일단 고용이 돼야 차별도 느껴보고, 법 적용도 받고, 여성가족부의 출산 지원에 대한 각종 정책의 혜택도 누려보고, 경력단절의 문제도 고민할 수 있다. 고용이 된 후 일정 기간 다니면서 역할과 진급, 평등을 보장받아야 이런 고민을 계속할 수가 있다. 그러니 고용 진입에서 차별받으면, 고용 유지가 위협받으면, 업무나 진급에서 기회가 평등하게 주어지지 않으면 일과 가정의 양립 지원이란 말은 무색해진다. 더구나 일과 양립해야 할 가정에는 다인 가족만이 아니라 1인 가정, 노부모와 함께 사는 싱글 여성 가정도 엄연히 존재한다.

그런 까닭에 쉽지 않은 일임에도, 나는 지금 이 시대야말로 여성가족부가 가족부 역할에만 매달리지 말고 여성부 역할에 몰두해야 한다는 말을 하지 않을 수가 없다. 우선, 공기업이나 대기업을 중심으로 직원을 채용할 때 성별 비율이 균형을 이루도록 촉구해야 한다. 즉 종업원이 일정 숫자 이상인 조직에서는 채용 시 동일 조건 성별 비율에 대한 정보를 투명하게 공개하도록 요구하고, 특별한 이유가 없다면 균형을 유지하도록 압력을 넣어야 한다. 어떤 기업에서는 4년제 대학 졸업자 이상에서는 남자들을 중심으로 뽑고 2년제 대학 졸업자나 고등학교 졸업자에서는 여성을 중심으로 뽑은 후 성별 비율이 비슷한 것처럼 꾸미는 꼼수를 부리기도 한다. 이런 식으로 평등의 문제가 왜곡되지 않도록 감시하는 것도 여성부의 역할이다.

그뿐 아니라 고용된 남녀의 각 진급률과 출산 및 육아휴직을 사용한 여성의 진급률 등을 분리해서 보고받고, 불균형이 심각하게 발견되는 기업에 대해서는 시정권고 등을 하는 노력 역시 필요하다. 고용이 됐다 해도 여성에게 일할 기회나 진급할 기회가 제대로 주어지지 않는 것은 그 조직이 가진 문화와 편견 때문이다. 그런 문화가 계속해서 존재하는 한 여성이 조직의 상단부까지 진출하기란 요원한 일이다. 어쩌다 가뭄에 콩 나듯 외부에서 여성 임원을 영입해서 여성 인력을 우대하는 것 같은 코스프레를 해서는 실제 그 조직 여성들의 기회평등을 일굴 수 없다. 정부 부처이니 이러한 일들을 행정규칙으로 만들고 시행해야 한다. 그런 후에는 객관적인 통계자료를 보고받고 꾸준히 개선해갈 수 있도록 유연한 운용을 해야 한다. 이것이 현재 여성가족부에 시급한 과제다.

덧붙여, 지금은 직장 내 성희롱 문제를 인권위원회나 노동부에서 접수받아 조사하지만, 과거에는 여성가족부에서 주관했던 적이 있다. 차별과 인권의 문제는 그것을 다루는 사람이나 조직에 영향을 받는다. 차별의 사안으로 인권위원회에 문제 제기되는 것은 그렇다 치더라도 형사 처벌 여부로 이어지는 사안을 노동부에서 다루는 것은 반대한다. 직장 내 성희롱은 성 문제가 아니라 계급의 문제다. 여성이어서가 아니라 약자여서 발생한다. 즉 직장 내 성희롱의 피해자가 여성이 많은 이유는 직장 내에서 통상 여성이 약자이기 때문이다.

여성가족부는 현재 가족사업에 주력하고 있지만 그 태생이자 존재 의의는 '여성'에 있다. 우리 사회에서 여성이라는 신분이 약자이기 때문에 그들이 겪는 차별을 개선하고 보완해나가기 위해 존재한다. 그러므로 약자여서 발생하는 직장 내 성희롱 문제는 그 피해자가 여성이든 남성이든, 여성부에서 주관하는 것이 바람직하다.

이러한 주장을 하는 이유는 이뿐만이 아니다. 직장 내 성희롱 문제는 피해자가 직접적인 피해 당사자이지만, 그 과정을 지켜보는 주변인들에게도 트라우마와 함께 잘못된 학습을 남긴다. 애초에 여성부는 그저 여성만의 권익 신장에 주안점을 두는 것이 아니라 여성의 권익 신장을 통한 사회 구성원 모두의 상생을 지향한다. 그러한 점에서도 직장 내 성희롱 문제를 여성부가 주관해야 한다.

여성이 주도하는
여성가족부가 되었으면

; 이 글은 기자의 갑작스러운 질문에서 시작된 것인데, 질문을 받은 그 순간에는 딱히 별말도 하지 못했다. 그런데 글을 쓰다 보니 현재 여성가족부에 말하고 싶은 이야기가 생각보다 많다는 걸 깨닫게 되었다.

아마도 한국에서 몇 개 안 되는 정부 부처 중에 여성가족부처럼 여성들에게서도 질타받고 여성혐오주의자들로부터도 비난받는 부처도 없지 싶다. 그래서 사실은 여성가족부가 현재 지나치게 수동적으로 보일 정도로 조용히, 여성만이 아닌 가족에 방점을 실으려는 부분도 없지 않았을 것이다.

비판을 가하든 역성을 들든 여성가족부의 정책에 대해 이런저런 이야기를 늘어놓는 이유는, 나의 '이기심'에서 출발한다. 나는 그 이기심이 나쁘다고 생각하지 않는다. 나는 여성이고, 여성가족부의 근원적인 존재 의의에 깊이 공감하는 사람으로서 여성가족부가 진정 여성 부처로서의 역할을 해주기를 바란다. 그 혜택을 직접 누리고 싶고, 나 외에도 수혜자들을 많이 목격하고 싶다. 그래서 여성가족부가 여성 정책을 육아 및 출산과 관련된 주제에만 집중하지 말고, 출산이나 육아 여부와 상관없이 여성을 이 사회 곳곳에 어떻게 평등하게 심고 자리 잡도록 지원할 것인지로 시야를 확장해주기를 바란다.

내가 현재 이미 안정돼 보이는 일자리를 가지고 있느냐 아니냐는 이러한 바람을 갖는 데 영향을 주지 않는다. 일과 가정이든 일과 자력갱생이든, 그 양립과 상생의 전제는 여성이 사회에 진출해 평등하게 기회를 가질 수 있어야 한다는 것이다. 그리고 이러한 구조의 평등성은 이후 개인 간의 관계나 가정 내부, 조직문화 전반에 두루 영향을 미친다. 나의 사회적 신분이 여성임은 변함없는 사실이고, 따라서 내가 어떤 자리에 있든 이러한 모든 일은 돌고 돌아 결국 나 역시 맞닥뜨리게 될 것이다. 그러한 이기심 때문에라도 여성가족부를 향해 불평을 늘어놓지 않을 수가 없다.

그러면서 한편으로, 여성가족부의 정책에 대한 질문에 쉽게 답변하지 못했던 순간을 돌아본다. 한창 불평을 늘어놓고 나니, 불평할 것이 이렇게 많은데도 이런저런 핑계를 대며 그 불평마저 귀찮아했던 스스로가 비로소 보인다. 결국 나의 이익은 내가 추구해야 확보되는 것인데, 게을렀다. 여성들이, 특히 젊은 여성들이 칭찬도 좋고 욕도 좋으니 여성 정책에 좀더 관심을 갖고 여성가족부에 대한 목소리를 높였으면 좋겠다.

PART IV

예민한

언니의

쓴소리

TALK 17

마녀가 어때서?

;   2015년 2월, 세간을 떠들썩하게 한 학내 성희롱 사건 보도가 있었다. 서울대 경영대 교수 박 모 씨가 여학생들과 여성 인턴들에 대하여 지속적으로 언어적 성희롱과 신체적 성추행을 해온 것이 문제가 됐다. 서울대 수리과학부 교수 강 모 씨가 유사한 성추행 혐의로 기소된 지 얼마 되지 않은 때라 세간에 충격을 안겼다.

예민해도 괜찮아

여기서 '충격을 안겼다'는 내가 하는 말이 아니라 언론에서 사용한 표현이다. 그런데 정말 충격을 안겼을까 묻고 싶다.

학내 성희롱은 직장 내 성희롱보다 가해자가 훨씬 더 상습적이고 사실이 은폐되기 쉬우며 폐해가 크다. 학내 성희롱은 당장 학점과 진로 문제가 얽혀 있는 학교 안에서, 자신의 권력이 무엇인지 명백히 알고 있는 가해자와 현재와 미래를 모두 불안해하는 피해자 사이에서 발생한다. 나이가 어리고 순진한 피해자들은 당장 발생한 성폭력 피해로부터 많은 상처를 받지만, 앞으로 어떻게 해야 할지에 대한 더 큰 두려움도 갖게 된다. 가해자는 누구보다 이러한 피해자들의 특성을 잘 알고 있다. 그래서 학내 성희롱의 특징은 동일한 가해자로부터 긴 시간 동안 피해를 입은 다수의 피해자가 존재한다는 것과 가해자 중 상당수가 자신이 한 행동이 정말 잘못된 것인지 제대로 인식조차 하지 못한다는 것이다.

서울대 학내 성희롱 사건에서 문제가 됐던 교수 중 한 명은 학생들에게 "내가 겉으로는 늙어 보여도 마음은 28살이다"라면서 개인적인 만남을 요구하는 이메일이나 문자 메시지를 보냈다. 그 후 해당 교수는 성추행·성희롱 의혹이 제기되자 술집에서 수업 뒤풀이를 한 사실은 있으나 성추행 발언을 한 적은 없다고 전면 부인했다.

"내가 딱 너를 보는 순간, 아, 얘는 내 여자 친구감이다. 네가 처녀니까 그건 지키고, 뽀뽀하고 허그를 하고 안고 뒹굴고 온갖 짓을 다 하지만 그건 지켜줄게."

"넌 괴롭지? 교수가 뽀뽀해달라고 하는데 해줄 수도 없고 안 해줄 수도 없고. 네가 교수 하고 싶다고 하면 내가 또 챙겨줘야지."

"천하의 XXX(교수 이름) 애인이 됐다는 건 조상의 은덕이야. 네가 나를 기분 좋게 해주면 내가 연구를 많이 하고 그게 인류에 이바지하는 거야."

낯 뜨겁기 짝이 없는 이 발언은 해당 교수가 저녁 식사를 하며 피해 여학생 중 한 명에게 건넨 말들이다. 피해 여학생이 더 불미스러운 일이 생길 것을 우려하여 식사 자리에서 오간 대화 내용을 녹음한 것이다. 교수의 변명 직후 그가 여학생에게 건넨 말이 고스란히 담겨 있는 이 녹음파일이 공개되면서, 상황은 반전됐고 세간의 비난도 가중됐다. 그의 변명은 새빨간 거짓말로 드러났다. 아니 어쩌면, 이런 발언이 심각한 수준의 성희롱인지를 아예 몰랐기에 그로서는 거짓말을 한 게 아닐 수도 있다.

서울대 학부에서 공공연하게 반복된 이런 만행들은 용기 있는 피해자들과 이를 지지해준 주변 친구들에 힘입어 다행히 수면 위로 떠오를 수 있었다. 하지만 일상에서 학내 성희롱은 다양한 방식으로 나타나는데도, 이에 대해 문제제기를 하거나 그 문제제기가 제대로 관철되도록 하기는 쉽지 않다.

늦깎이 여학생의
마녀 체험

;   로스쿨 2학년 말의 일이다. 외부에서 초빙된 객원교수가 진행하는 수업의 뒤풀이 자리였다. 저녁을 먹으며 술도 한 잔 하게 되었다. 시간이 좀 지나고 다들 적당히 취기가 올랐을 즈음이었다. 내 맞은편에 앉아 있던 남자 동기생이 자기 옆자리의 나이 어린 여자 동기생에게 교수님 술잔이 비었으니 술을 따라드리라고 했다. 여자 동기생의 의중이 무엇이었는지는 알 수 없지만, 그녀는 응하지 않았다. 그러자 남자 동기생의 권유가 계속됐다. 교수가 바로 맞은편에 앉아 있는데 그렇게 옥신각신하는 것이 여자 동기생 입장에서 난처할 것 같았다. 그래서 내가 그에게 넌지시 그만하라고 말했다. 그런데 술이 좀 취한 탓인지 그는 그 말을 듣고도 계속했다. 결국 내가 조금 더 목소리를 키워 말했다. "그만하라고!" 그런데 그의 옆에 앉아

있던 나보다 나이 많은 남자 동기생이 대뜸 나를 향해 "너는 가서 보톡스나 맞아!"라고 응수했다.

너무 어이가 없었다. 불쾌한 정도만 생각하면 술병을 날리고도 남을 판국이었지만, 교수님을 모시고 하는 회식 자리다 보니 다행히 참을성이 발휘됐다. "네 행동은 결례를 넘어 무례하다"라고 나직이 경고하는 선에서 일단락지었다. 그 테이블에 있던 여학생 둘과 함께 학교로 돌아오면서 문제의 당사자들에 대해 한참 욕을 퍼부었다.

돌아와서도 모욕감이 쉬이 가시지 않았다. 그러나 그보다는 당사자들의 그런 언행도 문제지만, 이런 언행들이 화기애애해야 할 자리에서 아무런 비판 의식 없이 종종 행해진다는 점이 마음에 걸렸다. 내가 다니던 로스쿨의 학생들만 볼 수 있는 인터넷 게시판이 있었다. 거기에 게시자인 내 이름은 실명으로, 연루자들은 익명으로 처리하여 글을 올렸다. 사건을 간단히 설명한 뒤 상대방이 나이가 어리다고 또는 나이가 많다고, 혹은 여자라고 해서 함부로 대하고 있지는 않은지 다 같이 돌아보자는 글을 썼다. 전체적으로 배려와 존중에 대해 생각해보자는 것이 골자였고, 말미에 조금은 더 좋은 사람이 되고 싶어서 온 학교이기에 모두가 배려와 존중에 대해 담론할 수 있기를 바란다고 덧붙였다. 진심이었다.

이른 새벽에 글을 올리고 잤는데, 아침 댓바람부터 문자 메시지와 카카오톡 알람이 울어댔다. 문제의 남자 동기생들이 각자 장문의 상세한 사과를 전하며 글을 내려달라고 부탁해왔다. 내가 글을 올렸던 이유는 특정 사안 때문이 아니라 학내에서의 배려와 존중에 대한 전체적인 문제제기와 건강한 담론을 제안하기 위해서였다. 하지만 이처럼 구체적 실마리를 제공한 당사자들이 사과하며 글을 내려달라니 고민하지 않을 수 없었다. 고민 끝에 글을 내렸다.

그런데 글을 내리고 나니 갑자기 더 시끄러워졌다. 타인을 향한 배려와 존중을 위해 노력하자고 글에 분명히 밝혔는데도, 뜬금 없이 '글을 올린 저의'와 '글을 내린 저의'가 무엇이냐며 말이 많았다. 처음 글을 올렸던 의도는 사라지고 이상한 음모론만 창궐했다. 이 상황을 정리하기 위해 원래 주제가 무엇이었는지 다시 명확하게 이야기하고, 실마리가 됐던 사안은 당사자들로부터 사과받고 마무리가 되었음을 설명했다.

뜻밖에도, 이후 상황이 황당하게 전개됐다. 당사자들은 뒤로는 사과를 했지만, 친한 주변인들과 함께 있는 자리에서는 나를 본 척도 하지 않는 촌극이 연출됐다. 이미 당사자들 간에 다툴 게 없는 사실관계인데도 누군가가 확인도 안 된 사안이 아니냐는 글을 올렸다. 그러자 다른 누군가가 거기에 댓글을 달기를, 확정된 사실관계이며 이런 글이 2차 가해에 해당할 수 있다고 지적했다. 그러면서도 끝에는 내게 '결자해지하라'는 이상한 중립을 표명했다. 문자나 쪽지로 힘내라, 응원한다고 남들 모르게 말을 전하는 이들도 꽤 있었지만, 더 많은 이들이 당시 나와 시선을 맞추는 것조차 피했다. 상황이 이런 터라 문제의 테이블에 같이 있었던 여자 동기생들도 가만히 있을 수만은 없게 되었다. 누군가는 자기는 친해서 술 따르란 게 기분 나쁘지 않았는데 글이 올라온 거라고 해명을 하고 다니고, 누군가는 내게 장문의 편지로 자기는 아무것도 모르는 걸로 해달라고 했다.

이해가 되지 않았다. 특정 사건이 아니라 모두 각자의 모습을 돌아보자고 이야기한 건데, 모두가 그 사건에 대해서만 떠드는 것이었다. 다툼이 벌어진 것도 아니고 시시비비를 가릴 일도 아닌데, 그런 문제제기를 한 사람과 혹시라도 친하게 지내는 걸로 보일까 하여 눈치 보는 형국이었다. 그러면서도 정작 그날의 테이블에 있었던 남녀노소를 비롯하여 내 글에 대해 왈가왈부를 하는 이까지 누구 하나 내게 무언가를 묻거나 반론을 제기하는 사람이 없었다. 희한한 노릇이었다.

여하간, 그리하여 나는 그 일로 돌연 마녀가 됐다. 삼성 한복판에 1인 노조 깃발을 꽂고 싸우며 몇 년을 회사와 전면전을 벌일 때도 쓰지 않았던 마녀의 망토를, 이곳에서 두르게 되었다.

마녀가 여럿이면
그냥 여성이 된다

;　　늦깎이 학생이 되고 나서 상대적으로 나이가 많다는 게 유리하게 작용하는 일은 그다지 많지 않았다. 그러나 당시 상황에서는 다행이었다. 마녀가 되는 것은 전혀 유쾌하다고 할 수 없는 일이었지만, 이런저런 일들을 경험하며 달려온 30대 끝자락에서는 그럭저럭 견딜 만했다. 문제의 본질 대신 힘의 균형축을 바라보면 사안이 어떻게 왜곡될 수 있는지를, 아직 법조인이 되기 전 미생일 때 겪어보는 것도 나름대로 의미 있는 일이었다. 그 일을 둘러싸고 다른 사람들도 긍정적이든 부정적이든 무언가 생각해볼 만한 계기가 되었으리라 생각한다.

당시 이 사건은 내게 여성들이 가진 근원적인 공포에 대해 생각해보게 했다. 사실 성차별적 발언은 성희롱적 발언만큼이나 심각한 권력과 계급의 문제이고, 궁극적으로 양산하는 폐해도 훨씬 다양하다. 소위 '여혐' 역시 성차별 의식에 근거한 성차별 표현이다. "평등해졌네", "이젠 역차별이네"라는 말이 심심찮게 들려오지만, 우리 사회에 자리한 성차별 관념은 건재하다. 여성의 사회진출이 늘고 출산에 대해 좀더 많은 복지가 국가적으로 행해지며, 여성의 급여 조건이 향상된 것은 우리 사회의 봉건적 가치관이 바뀌어서가 아니다. 자본주의의 논리에 따라 자본주의에 유리하기 때문에 변화한 현상이다. 우리가 그 현상을 여성에 대한 차별이 사라진 것으로 착각하는 것일 따름이다.

학교나 사회에서 만나는 성차별은 언행의 정도에서도, 널리 퍼져 있다는 점에서도 성희롱을 능가한다. 여전히 여성이 계급과 권력에서 하단부를 차지하고 있기 때문이다. 그래서 성차별적 언행은 갑질의 문제다. 내가 학교에서 겪었던 사건은 사회 구석구석 자리한 갑질의 한 갈래였을 뿐이고, 이후 진행 과정은 갑질 메커니즘의 뻔한 단계일 뿐이었다. 갑은 갑질인지 알고 하기도 하고 모르고 하기도 하고, 을 역시 갑질이라는 걸 느끼기는 하지만 익숙해져 버린, 그런 습관이다.

내가 정말 이해할 수 없었던 것은, 이런 문제를 곱씹어보지 않더라도 아쉬울 거 없는 갑들의 처신이 아니라 당장에도 나중에도 불쾌와 불이익을 겪을 을들의 태도였다. 외로운 마녀가 된 나는, 초반부엔 당장 자신의 문제가 아니더라도 당당하게 자신이 속한 편에서 목소리를 내지 못하는 을들에게 실망했다. 그러나 오랜 시간이 지나지 않아 실망은 연민으로 바뀌었다. 그들에겐 갑들과 이해관계를 달리하는 목소리를 내는 것이 유리하지 않아 보였을 것이고, 덩달아 까탈스러운 여학우로 비칠 것이 막연히 두려웠을 것이다. 낮은 목소리로 내게 응원을 전해오는 사람이나, 유리할 것 같은 편에 조용히 서서 나와 시선조차 맞추지 않으려던 사람이나 모두 마찬가지다. 회자되고 있는 사건에 어떻게든 관련되어 있어 뒤에서나마 뭐라도 말해야 하는 입장에 있을수록 더 그러했을 것이다.

엄연히 존재하는 성차별에서 명백히 을일 수밖에 없는 여성들이, 그리고 엄연히 존재하는 차별적 구조 안에서 을의 입장에 있는 사람들이 꼭 기억해야 할 것이 있다. 마녀는 모순된 구조 속에서 그 모순을 지적하고 비판함으로써 만들어진다. 그리고 그 마녀의 존재로 을들의 처우는 표면적으로나마 개선된다. 마녀로 인한 혜택을 이미 함께 누리고 있거나 앞으로 누릴 것이지만, 스스로 마녀가 되는 것은 두려운 일이다. 그런데 마녀가 다수가 되면 마녀들이 아니다. 그냥 여성이 된다. 그냥 의견이 다른 사람들이 된다. 그래서 누군가 마녀가 되는 건 남성중심의 조직이나 구조의 문제이기도 하지만, 그 안에서 밀려날까 봐 두려워하며 눈을 감고 침묵하며 연대하지 않는 우리 자신의 문제일 수도 있다.

학교는 사회의 권력관계에 본격적으로 편입되기 전에 인간에 대한 존중과 배려를 익히고, 옳지 않은 일에 날 선 비판과 합리적인 대안을 제시하는 사고를 길러내야 하는 곳이다. 학내 성희롱이나 학교폭력이 더 많은 폐해를 가져오게 되는 것은, 그 일을 당하는 피해자나 그것을 지켜보는 모두에게 마녀가 되면 얼마나 힘들어지는지를 보여주고 체감하게 하기 때문이다. 사회로 나가기 전부터 두려움과 불이익을 학습하고 유리함을 지향하는 것이 현명하다는 잘못된 학습을 하게 되는 것이다. 굳이 더와 덜을 비교할 문제는 아니지만, 바로 이 때문에 직장 내 성희롱보다 학내 성희롱의 죄질이 더 나쁘다. 또한 같은 학내 성희롱을 저질렀어도 그 행위 주체가 가르침을 고민하고 실천해야 하는 교수일 때 더 비난받는 까닭도 이것이다.

그러나 타자보다 중요한 것은 바로 한 사람 한 사람의 우리 자신이다. 모임의 자리에서 모두의 즐거움이란 미명 아래 누군가는 매우 불편할 수도 있는 언행이나 배려 없는 태도를 보이는 것도 실은 심각한 폭력이다. 이 폭력은 가해자와 피해자, 주변인 모두를 몰래몰래 병들게 한다.

각자가 선 자리에서 한 명의 마녀를 기다리지 말고 마녀들이 돼보면 어떤가? 아직 사회에 나가 더 첨예한 유리와 불리를 앞에 두고 갈등하기 전에, 아무도 마녀가 되지 않도록 노력하고 연습해보는 건 어떤가?

눈을 감고 이미 지나가 버린 여러 시간을 두고 잠시 모두가 마녀이고 아무도 마녀가 아닌, 그녀들의 파티를 즐겁게 상상해본다.

TALK 18

> 연애, 결혼, 학교, 직장을 나 스스로 결정하고 있나

;   가해자 입장에서든 피해자 입장에서든 성폭력 사건을 많이 처리하는 변호사나 수사관들이 하는 이야기 중에, 성폭력 피해자들에겐 대부분 오빠나 이모부가 있다는 씁쓸한 농담이 있다. 피해자가 자신의 문제에 대해 주체적으로 나서서 처리하지 못하는 걸 꼬집는 말이다. 합의나 고소를 결정하는 데에서도 친족관계의 남자들이 등장하고, 친족관계인 양 호칭을

사용하지만 친족관계는 아닌 친한 남자들이 나서는 경우가 많다. 증거가 확실한 성폭행 사건에서 가해자 측과 피해자 측 모두 금전적으로 합의할 의지가 있는 경우에도 당사자보다는 피해자 주위의 보호자 또는 대변자가 이야기를 진행하는 경우가 다반사다. 그뿐 아니라 성폭행 사건을 고소하기 위하여 변호사를 만나러 올 때도 이런 보호자를 대동하는 경우가 다른 사건들에 비하여 상당히 많다.

학내에서 일어난 성폭력 사건을 다룰 때의 일이다. 피해 당사자는 젊은 여성으로, 약혼자까지 있는 촉망되는 재원이었다. 발생한 사건으로 인한 충격이 커서 급성 스트레스 장애를 심하게 앓고 있었다. 그래서 사건을 처음 의뢰받던 날에도 당사자를 직접 만나지 못했다. 당사자의 아버지가 대신 와서 사건을 상담하고 돌아갔다.

이후 가해자나 그에 대한 책임이 있는 학교 측과 논의를 하는 자리를 비롯해서 각종 수사기관에서 수사를 받게 되는 자리마다 피해 당사자의 부모와 약혼자를 비롯하여 친인척을 포함한 온갖 지인을 함께 보게 되곤 했다. 변호사가 사건의 진상이나 당사자가 진정 원하는 바가 무엇인지를 파악하고자 할 때는 물론이고, 당사자 스스로 자신을 위하여 가장 합리적인 결정을 하고자 할 때도 '보호자들'이 이러니저러니 말이 많았다.

말하는 사람이 많으니 의견이 하나로 조율되기 힘들었고, 정신적으로 피폐해져 있는 피해자는 그 사이에서 갈피를 잡지 못하고 흔들렸다. 또한 합리적인 요구사항보다 가장 목소리가 크거나 그럴듯한 사회적 직함을 가진 사람의 의견이 반영된 요구사항이 빈번히 도출됐다.

해결의 실마리를 쉽게 풀 수 있는 사건이었으나, 그렇게 각기 자기주장을 하느라 상당 기간 제자리를 맴돌았다. 사방에서 각기 다른 방향으로 노를 젓는 배처럼. 결과적으로 사건은 모종의 합의를 보고 마무리가 되었지만, 그 안에서 변호사인 나마저 마음고생이 심했다. 그러니 피해 당사자는 오죽했으랴. 얼른 결론을 내고 치유에 힘써야 했을 터인데도 수많은 시간을 혼란 속에 방치되었으니 말이다.

성인이 되었으면
부모에게 그만 의존하자

;　　최근 결혼을 하지 않거나 늦게 하는 이들이 늘어나면서 20대를 지난 후에도 부모와 함께 거주하는 사람들이 많아지고 있다. 계속해서 부모와 함께 거주하는 것 자체는 하등 문

제 될 게 없다. 문제는 자식이 웬만큼 나이가 들었음에도 어른이 되지 못한 동거일 때 일어난다. 부모와 함께 생활하면서 각종 책임을 부담해간다면 그 공동체적 삶은 전통적 가치를 지닌 대가족에 해당할 수 있다. 하지만 요새는 '캥거루족'이라는 신조어까지 등장했을 정도로 독립했어야 할 나이에 독립하지 못하고 의지하는 삶을 이어가는 '청년'이 많다.

결혼을 하거나 결혼 이후 분가를 하는 경우에도 실제적으로는 독립이 아닌 경우가 많다. 결혼 비용은 늘어났는데 그 상당 부분을 부모에게 의존하고, 육아 역시 전적으로 부모에게 떠맡기는 사람들이 늘어났다. 상당수의 부모가 자신들의 노후 자금으로 자식의 결혼 비용을 대고, 여성의 경쟁력 있는 사회 진출이라는 허울 뒤에는 노년의 육아 노동이라는 그림자가 드리워져 있다.

이처럼 오늘날의 자식들은 어른이 되어서도 쉬이 어른이 되지 못한 채 부모들의 등에 업혀 있다. 이때 발생하는 문제는 이렇게 부모의 허리가 휜다는 것만이 아니다. 어른이 되지 못한 자식들에 대해 부모들은 여전히 주도권을 쥐고, 자식들의 삶을 쥐락펴락한다. 부모가 정해주는 사람과 선을 봐서 결혼하던 시대는 한참 지났다고 생각할지 모르나, 부모님이 반대하는 결혼은 물론 연애마저도 하지 않겠다는 효자·효녀가 오늘날 적지 않다.

안타깝게도 이런 현상의 바탕은 효가 아니라 의존이다. 스스로 삶을 책임질 태세가 되어 있지 않기 때문에 일정 세월 세상을 살아낸 부모의 생각과 판단에 의존하는 것이다. 이혼소송들을 진행하다 보면 이를 뚜렷이 느낄 수 있다. 당사자 간의 문제보다 양가 부모와 관련된 문제 때문에 파경에 이르게 된 경우가 상당히 많기 때문이다.

부모에게 의존하는 순간 부모의 영향력은 커지기 마련이다. 자식이 잘되길 바란다는 이유로 부모는 자식 일에 사사건건 개입한다. 그러나 세상에 자신이 풀어야 할 문제에 대하여 자기 자신보다 잘 아는 사람은 없다. 그 일이 현재 자신이 속한 사회에서 겪는 것이거나 미래를 함께할 사람과 관련된 것이라면 더욱 그러하다. 안전한 선택지가 언제나 최선은 아니듯, 현명한 배우자 선택이 행복을 보장해주는 것은 아니다.

스스로를 믿고 무언가 결정하고 책임을 지지 않는다면, 내적 체급은 그만큼 약화된다. 자신 없음은 강건하지 못함으로 이어지고, 그러니 계속 자신이 없어진다. 스스로 할 줄 아는 것이 없거나, 아니면 하고 싶어 하지 않는 청년들은 그렇게 양산된다. 남성이라고 결코 예외는 아니지만, 표면적으로는 여성의 의존성이 좀더 눈에 띈다. 자의든 타의든 보호해야 할 대상으로 여겨지는 경우가 많고, 우리 사회에서는 큰 문제가 생겼을 경우 남자 보호자가 나서서 목소리를 높이는 것으로 기선 제압을 해야 한다는 식의 관념이 아직까지 자리하고 있기 때문이다.

부모에 대한 의존은 학교나 직장, 연애 등 모든 영역의 사회 관계망 안에서 우위에 있는 남성들에 대한 의존으로 곧잘 이어진다. 부모에게 의존할 때도 치르게 되는 대가가 있듯이, 부모도 아닌 사람한테 의존하는 데는 그로 인한 반대급부가 훨씬 크다. 겸손하게 배우고 서로를 의지하는 관계는 아름다운 것이지만, 일방적인 의존은 자존감을 갉아먹는다. 그리하여 점차 습관으로 자리 잡아가다 마침내는 원치 않는 상황들조차 받아들이게 된다. 그렇게 무기력한 삶으로 떨어지지 않으려면 눈과 귀를 연 자력갱생으로 자유롭고 자기다운 삶을 일궈야 한다.

일도 사랑도, 성폭력 사건도
자력갱생과 과감함이 필요하다

; 대학 다니던 시절에 주주클럽의 〈나는 나〉라는 노래

를 자주 불러댔다. 음역이 높지 않아 따라 부르기 쉬워서이기도 했지만, 가사가 마음에 들었던 것이 더 큰 이유다. 이 노래는 "왜 내가 아는 저 많은 사람은, 사랑의 상처를 잊는 걸까. 좋았었던 일도 많았을 텐데, 감추려 하는 이유는 뭘까, 이유가"라고 시작한다.

    나는 지금도 그렇지만, 지난날 만났던 사람들이나 그 관계 안에서 있었던 일들을 말하길 저어하지 않는다. 그 사람들을 잊지 못해서나 그 추억들이 아파서가 아니다. 그 사람들을 잊을 이유도 없고 그 추억이 아플 이유도 없다. 지나가 버렸지만 그 사람들도, 추억도 모두 당시의 나를 이루는 것들이고 나의 기억이기 때문이다. 상대로 인해 기뻤던 날들도 많았고 상처받았던 것도 틀림없지만, 이제 다 지나가 버린 일들이 되었고 현재의 나는 그런 상황 속에서 성장하고 단련되어왔다. 그리고 아무 일도 없었으면 심심했을 일상에 재밌고 좋은 기억들이 남았다. 그럼 된 것 아닐까?

    지나온 사랑과 연애들이 존재하지 않았거나, 그쯤에서 끝나지 않고 지금까지 이어져 왔다면 그게 더 비극일 것이다. 모두를 다 같이 만날 수도 없는 노릇이니까. 그래서 누군가와의 만남도, 헤어짐도 모두 내게는 지나온 시간이 내게 달아준 훈장처럼 자랑스럽다. 그 바쁜 시간을 쪼개 사람을 만나고 사귀던 그 시간의 갈피마다 어려 있는 내 모습이 사랑스럽다.

비단 연애 문제에서만이 아니다. 일도 마찬가지였다. 사람들은 내게 기껏 남들은 못 들어가 난리인 삼성 같은 회사에 들어가 부당한 상황을 만났으니 재수가 없었던 거라고 이야기하곤 한다. 한창 일할 시절에 적지 않은 시간을 회사와 다투는 데 보냈으니 많이 힘들었겠다는 말도 많이 한다. 뒤늦게 법 공부를 한답시고 연고도 없는 광주까지 내려가 사서 고생했다며 혀를 끌끌 차기도 했다. 하지만 정작 나는 내가 그렇게까지 재수가 없었다고 생각하지 않을뿐더러 힘들지도 않았다. 타지에서 늦깎이 수험생을 하느라 다사다난하긴 했지만, 그렇다고 불행해지진 않았다.

우선은 삼성에 입사한 덕분에 비행기로 스물네 시간이나 걸리는 남미까지 출장을 다니며 '나 영상사업부 이은의야'라고 빵빵한 자부심으로 20대와 30대 초반을 살았다. 또 이왕 해야 할 전쟁이면 우리 사회가 입을 모아 계란으로 바위 치기라던 센 상대와 다투는 게 나았다. 그 다툼의 경험 덕에 '어디에 소속된 누구'가 아닌 그저 '이은의 자신'으로 설 수 있었다. 만학에 뛰어들었을 때도 마찬가지였다. 공부도 생활도 녹록지 않았지만 고개 숙일 만한 스승들과 좋은 친구들을 얻었고, 떠났던 일상으로 새로운 삶의 토대를 만들어 돌아올 수 있었다.

누가 등 떠밀어 한 선택들이 아니었고, 참 말 안 듣는 딸이고 동생이었다. 하지만 내가 치열하게 고민하며 때론 모험을 했고, 그러니 내가 책임져야 한다는 생각으로 열심히 노력했다. 그 시간을 어른들의 충고대로 안온하게 살아왔어도 좋았겠지만, 그 대신 선택한 삶이 그 결과도 과정도 더 나쁜 건 아니었다. 회전목마처럼 안락하진 않아도 물 튀기는 고속 급류타기처럼 짜릿하고 종종 상쾌했다.

직장 내 성희롱을 가지고 다투던 당사자일 때나, 성폭행 피해자들의 변호사일 때나 성폭력을 비롯해 일상에서 일어날 수 있는 피해를 바라보는 시각은 크게 달라지지 않았다. 피해는 부끄러운 일도 아니고, 내가 숨어야 하는 일도 아니다. 가해와 피해의 문제에서 부끄러워해야 할 사람은 가해자다. 피해자가 피해 이후에 느껴야 할 것은 자책이나 수치심이 아니다. 자신에게 일어난 일이 무엇인지, 자기가 할 수 있는 조치가 무엇인지, 자기가 뭘 원하는지를 직접 말하고 고민하고 스스로 결정하는 것이다. 이는 성폭력 사건의 피해자가 되었을 때도 반드시 필요하다.

세상을 살다 보면 온갖 일이 일어나기 마련이고, 좋은 일도 있지만 나쁜 일도 있을 수 있다. 좋은 일만 일어나는 것은 애당초 불가능하며, 나쁜 일도 잘 해결하면 최선까지는 아니어도 차선이 될 수 있다. 그러고 나면 그 경험이 삶을 튼튼하게 해주는 자양분이 된다. 나쁜 일이라고 해서 무조건 두려워하거나 기억 속에서 지워낼 필요는 없다는 말이다.

TALK 19

이 남자가
나를
부양해줄
것이라는
위험한
상상

; 얼마 전 교육부에서 만든 교사용 성교육 자료가 문제 된 적이 있다. 이 자료에서 교육부는 이렇게 이야기했다. "남성은 돈, 여성은 몸이라는 공식이 통용되는 사회에서는 데이트 비용을 많이 사용하게 되는 남성의 입장에서는 여성에게 그에 상응하는 보답을 원하기 마련이다. 이 과정에서 원치 않는 데이트성폭력이 발생할 수도 있다."

내용도 문제지만 이런 이야기를 누가 누구에게 했느냐도 문제였다. 개인 간의 사적인 대화라고 치부한대도 고개가 갸웃해지는 발언이다. 그런데 이것이 교육부가 교사를 대상으로, 그것도 성교육 지침으로 제시하는 의견이라니 황당함을 넘어 걱정스럽지 않을 수 없다. 가장 답답한 건 이런 내용이 확정돼서 공개되기까지 어떤 단계에서도 걸러지지 않았다는 것이다. 이런 한심한 지침을 만든 사람만이 아니라 분명히 이 지침을 검토한 사람도 있고, 결재한 사람도 있었을 텐데 말이다. 이게 교육을 주관하는 정부기관 내부의 인식 수준이란 것도 걱정스럽고, 외부에 자문이라도 구할 생각조차 하지 않았다니 아쉽기 그지없다.

이런 황당한 지침이 별다른 브레이크 없이 세상과 만나게 된 난감한 상황은 어떻게 일어난 걸까? 각각을 분리해서 생각해보면, 일리 있는 지적을 담은 문구에 이상한 인과관계를 부여함으로써 생긴 착각이고 참사였던 것이 아닌가 싶다. 각 문구를 분리하면, 우리 사회가 '남성은 돈, 여성은 몸이라는 공식이 통용되는 사회'이고, 아직까지도 '남성이 데이트 비용을 많이 사용'하는 것이 당연시되는 경우가 많은데, 그런 것이 평등한 관계를 만드는 데 부정적으로 작용할 수 있다는 내용이라고 이해할 수 있다. 다시 말해 주체적이고 평등한 관계를 형성하기 위한 데이트문화 측면에서 다뤄져야 할 주제가, 돈을 쓴 대가로 섹스를 욕구할 수 있다는 왜곡된 성 의식의 필터를 거치면서 야기된 촌극이라 하겠다.

남자가 여자를 부양한다는
판타지의 해악

;　　　말 많고 탈 많았던 교육부 지침과는 별개로, 데이트 비용을 비롯하여 부양의 의무 등 이성 간의 경제적 의존이나 기대는 모두가 돌아볼 만한 문제다. 평등하고 주체적인 이성관계를 위하여 꼭 필요한 일이다. 아직도 상당수의 여성이 연애할 때의 데이트 비용이나 결혼해서의 부양의무를 남자 몫이라고 생각한다. 이런 생각이 별 탈 없이 구현된다면 문제 될 것이 없겠지만, 현실은 그리 녹록지 않다. 꽤 많은 연인이 데이트 비용 문제로 갈등을 겪는다.

그리고 결혼 후 상당수의 여성이 기대했던 바와 달리 남편이 경제적으로 의지할 수 있는 이가 아님을 알게 된다. 결혼 후 일정 기간은 그런 기대가 충족된다 하더라도 주변 환경의 여러 가지 변수에 의하여 그 상태가 유지되지 못하는 경우도 많다.

우리 사회에서는 아직도 노동의 기회와 대가가 능력이 아니라 성별에 많은 영향을 받는다. 취업이 안 돼서 똑같이 마음고생을 하는 청년들을 보면서도 여성보다 남성을 좀더 딱히 여긴다. 직장 내에서 진급이 누락된 경우에도 여성보다 남성, 그것도 기혼 남성에 대해 더 안타까워한다. 가까이서 예를 들자면, 남자들이 내게 밥이나 술을 사라고 할 때 "너는 똑같이 벌어 쓸 데도 없지 않느냐"라고 말하곤 한다. 그 말인즉 나는 여자라 부양할 가족이 없다는 의미다. 바꿔 말하면, 자신은 누군가를 부양하고 있거나 앞으로 부양하게 될 사람이라는 뜻이다. 같은 직장을 다니면서 같은 임금 조건으로 일을 하던 시절에는 그런 억울함(?)을 표출하는 이들이 더 많았다.

하지만 그 말에는 어폐가 있다. 일단 그들이 나를 부양하지 않는 것만은 분명하다. 또 내 임금은 내가 노동한 대가로 받는 것이며, 내가 실제 부모든 숨겨놓은 자식이든 부양하고 있는지 어떤지 그들이 어떻게 알겠는가.

실제로 결혼 여부와 상관없이 가정을 책임지는 여성 가장도 적지 않다. 우리 사회에 만연한 '남자가 여자를 부양한다'는 판타지는 저임금 노동 영역의 상당 부분을 여성에게 떠맡기고, 노동 조건이나 진급 같은 문제에서 여성이 남성보다 간절하지 않다는 식의 이상한 공식을 낳는다. 모든 여성이 가사와 육아 대신 사회생활을 해야 한다는 이야기가 아니다. 여성의 동일 노동이 남성의 동일 노동보다 저평가되거나 기회를 차등받는 이유가 될 수 없고, 돼서도 안 된다는 이야기다.

여성의 가사노동은 남성의 경제적 부양에 비해 가치가 덜한 노동이 아니다. 여성이 가사와 육아에 전념하는 것은 부부 사이에서 합리적인 분업과 분담을 한 결과물이다. 그래서 10년 이상 함께한 부부일 경우, 어느 한쪽이 해온 가사노동의 가치를 부부가 축적해온 경제활동 결과의 절반으로 계산하는 것이다. 다만 부부가 맞벌이를 할 것이냐 아니냐는 그들의 삶에서 무엇에 더 가치를 두느냐에 따른 선택의 결과다.

한편, 우리 사회는 남성들이 한번 들어간 직장에서 오래오래 일하다가 정년퇴직을 한다는 것이 '옛날옛적에 공주와 왕자가 결혼해서 행복하게 살았대요' 같은 동화가 된 지 오래다. 부양의 의무를 다하고 싶어도 사회가 그런 고용안정성을 제공하지도 않는다. 어느 날 갑작스럽게 닥친 남편의 실직은 종종 오래 산 부부에게도 위기를 만든다. 그러나 경제적 위기가 부부의 위기로 이어지는 경우는 안타깝지만 그나마 낫다. 더 큰 문제는 부양의무만으로 모든 의무를 다한 것처럼 착각하는 것이다. 남편의 부양을 기대하고 이에 의존하며 살았던 아내는 경제활동 능력을 상실한 탓에 결혼생활이 불행함에도 관계를 단절하지 못한다. 호사가들은 남편과 아내의 관계가 평등해졌다고 말하지만 여전히 대부분의 부부는 불평등한 상태로 살아간다. 여성 의뢰인 상당수가 이혼하고 싶다며 찾아와 이혼을 열두 번쯤 하고도 남았을 것 같은 사연을 늘어놓지만, 결국엔 이혼 후에 살아갈 방법이 없다며 한숨 쉬며 돌아간다.

데이트하던 시절에 남자들이 아낌없이 내던 데이트 비용은 여자들에게 이 남자와 결혼하면 안심하고 살 수 있을 것이란 착각을 불러일으킨다. 당장의 데이트 비용은 함께하는 시간을 즐겁게 보내기 위해 지불하는 것이다. 하지만 조금만 더 내밀히 들여다보면 남성이 데이트 비용을 전담하는 그 관습의 기저에는 "나를 얼마나 부양할 수 있는지?"와 "오빠 한번 믿어봐. 네 인생 의탁해도 될 만한 사람이야" 간의 검증 메커니즘이 깔려 있다. 그리고 이러한 검증 메커니즘은 데이트가 이루어지는 당장에 남자에게 부담을 주느냐의 문제에 앞서, 남녀 모두에게 남자가 여자를 부양하고 여자는 남자로부터 부양받는다는 잘못된 족쇄를 채운다.

모든 여자가 정말
명품백 사주는 남자를 원할까?

; 　　여자와 남자의 소득 불균형은 엄연히 존재하는 현실이다. 연인관계에서 자로 잰 듯 반반 분담해야 한다는 것은 아니지만, 이런 것들을 고려하고 조율하는 것은 남녀의 문제를 떠나 모두를 위해 필요해 보인다. 그것이 윤리적으로 또는 도덕적으로 이러니저러니 하는 소리는 하지 않겠다. 나도 그렇지 못했던 날들을 숱하게 보내왔고, 바른말을 하는 사람들은 내가 아니어도 많으니까.

　다만 나는 한국의 젊은 여성들이 진정으로 이기적이기를 바란다. 데이트하는 관계든 혼인한 관계든 자기 부양의 문제를 타인에게 맡기는 것이 얼마나 불안정하고 위태로운 일인지를 생각해보자. 일정 시간이 지난 후에도 계속해서 경제적으로 예속된 관계라면, 그 속에서 당당하게 자기주장을 펼치고 평등하게 사고하기란 쉽지 않다. 결국 데이트 비용의 문제도, 결혼 후 부양에 대한 기대도 종내엔 상대방을 선택하고 관계를 지속하는 데 족쇄가 된다.

　여담이지만, 열등감 많은 남자들이 굳세게 믿는 것과 달리 여자들은 명품백을 사준다고 해서 그 사람을 좋아하진 않는다. 여자들이 좋아하는 것은 명품백이 아니라 명품관계다. 명품관계는 명품백이 아니라 '다정한 눈빛, 따뜻한 말 한마디'에서 나온다. 영화 〈사도〉의 대사처럼 말이다.

연애를 하는 이유는 행복해지기 위해서고, 연애는 그 진정성을 찾아가는 과정이다. 봉건 시대를 훌쩍 지나 21세기에 이르렀으나, 자본주의는 연애와 결혼에 여전히 가부장의 눈을 이식했다. 내게 결핍된 경제력에 초점을 맞춘 렌즈로는 흐려진 진정성을 찾기 어렵다. 데이트 비용의 분담 문제를 떠나 경제적, 정신적으로 자력갱생한 사람만이 사랑의 선택지를 넓게 가질 수 있다.

TALK 20

여자도 때론 허세가 필요하다

;   2015년 가장 흥행한 영화로 꼽히는 〈베테랑〉에서 황정민의 대사 하나가 많은 사람에게 회자됐다. "우리가 돈이 없지 가오가 없냐?" 내 시선에선 이 영화의 주제를 관통하는 대사가 아니었을까 싶다. 우리 자신을 위해서나 사회를 위해서나 베테랑이 필요한데, 베테랑이 되기 위해 갖춰야 할 덕목엔 어떤 '가오'가 있지 않겠느냐는 감독의 한마디로 들렸다.

예민해도 괜찮아

이 글을 쓰고 있을 무렵 이제 막 20대를 벗어나 30대에 진입하는 여자 후배가 찾아왔다. 대기업 5년 차인 후배는 진로 고민 중이었고 그 선택지 가운데에 로스쿨 진학도 있었다. 로스쿨은 어떤지, 여자 변호사로서의 삶은 어떤지, 요즘 법조시장은 어떤지 등등 이런저런 질문을 해왔다. 그리고 말미에 여자 변호사로서 갖춰야 할 것이 뭐냐고 물었다. 때마침 내가 졸업한 로스쿨에서 여자 후배들을 대상으로 한 특강이 예정되어 있어서 무슨 얘기를 할까 고민하던 차였다. 후배의 질문을 듣는 순간 다른 곳에서 한 강의들과 차별되게 해볼 수 있는 주제를, 그 강의의 대미를 장식할 이야기를 찾은 듯했다. 그리고 그에 대한 대답을 얼기설기 해나가다 보니 영화 〈베테랑〉에서 나온 저 대사가 떠올랐다.

'나 이은의야'라는
허세

; 이제 갓 서른에 진입하는 후배들에게 가장 많이 듣는 이야기가 "어떻게 하면 언니같이 될 수 있어요?"라는 말이다. 듣는 사람 입장에선 웬 잘난 척이냐 싶을 수도 있겠다. 그러나

나는 우월한 DNA를 가진 사람이 아니었고 금수저를 물고 태어나지도 않았다. 오히려 '파란만장 이대리'에서 '좌충우돌 이변'으로 이어지는 삶을 살아왔다. 그래서 청춘들이 내게 하는 이런 말들은 '너 참 잘났구나!'라는 느낌표가 아니라, '너처럼 평범해 보이는 사람이 어떻게 해서 이만큼 잘 살아남을 수 있었냐?'라는 물음표로 들린다.

대학에 입학한 후 나에게 호감을 갖고 다가왔던 남자들 상당수는 내게 '보호본능 어쩌고' 하는 류의 얘기를 하는 경우가 많았다. 160센티미터 정도의 키에 몸무게가 40킬로그램을 왔다 갔다 할 때라 비리비리해 보인 탓이 컸으리라. 나를 좋아해주는 것은 고마웠지만 그들이 내게 갖는 감정은 내가 원하는 것이 아니었다. 뭘 어떻게 보호해주겠다는 건지 알 수 없었고, 나는 알아서 잘할 수 있는데 다소 연약해 보이는 외관 때문에 보호 대상으로 여겨지는 것이 싫었다. 정작 나는 새끼 사자처럼 보이고 싶었다. 그래서 아르바이트도 하고 온갖 동아리 활동까지 해가며 힘들지 않은 척, 센 척하며 다녔다.

그 시절 우리 집은 서울 남서쪽의 화곡동에 있었다. 서울 동북쪽에 있는 외대까지는 전철과 좌석버스를 환승해가며 꼬박 한 시간 반이나 걸렸다. 가끔 힘든 정도가 아니라 늘 힘에 부쳤다. 가족들은 막내인 내가, 온실에서 키우다가 밖에 내놓은 병아리인 양 걱정했다.

　3학년을 마치고 포르투갈로 어학연수를 갔고, 배낭여행을 하다가 영국으로 건너가 국제자원봉사단체에 합류했다. 그때도 리스본행 편도 항공권부터 사서 일단 집을 떠났다. IMF 직전의 상황이라 경기가 좋지 않고 집안 형편도 좋지 않을 때였다. 그렇지만 가고 싶었다. 수중에 230만 원이 전부였는데, 그 돈으로 1년을 벌어가며 버텼다. 뒤늦게 발동 걸린 사춘기 아이처럼 가족들에게 내 걱정은 하지 않아도 된다는 걸, 혼자 멀리 떨어트려놓아도 잘할 수 있다는 걸 보여주고 싶었다.

　한마디로, 스무 살이 넘고 나서 내 학창 시절은 혼자서도 잘할 수 있다는 허세작렬의 시기였다. 떠날 때 준비도 완벽하지 않았다. 하지만 덕분에 고마운 친구들이 잔뜩 생겼고, 그런 친구들의 숫자만큼 소중한 추억과 값진 경험이 덤으로 남았다. 돌아올 때 보니 신기하게도 떠날 때 가져간 것과 비슷한 액수의 돈도 남아 있었다.

　사실 집을 떠나서 포르투갈에 있을 때나 영국에 있을 때나 집으로부터 완벽히 분리되거나 독립한 것은 아니었다. 하지만 외롭다, 이것저것 부족하다 징징거리면서도 한편으로는 여전히 '괜찮아, 나 똑똑하잖아' 같은 허세를 부리며 시간을 버텨내고 돌아왔다. 그랬더니 떠날 땐 없었던 문제해결 능력이 훅 자라 있었다.

사회생활을 할 때 남자 동기들 속에서, 남자 팀원들 사이에서 생활하는 것은 쉬운 일이 아니었다. 정작 일 자체로 경쟁하는 것은 힘들지 않았다. 남성중심의 사회관계망 안에서 정보를 얻거나 내 생각을 표현하는 일이 어려웠다. 직장에서도 '오빠 한번 믿어봐' 류의 과한 친절들이 존재했지만, 그것이 당장의 임시방편은 될 수 있을지 몰라도 지속적인 대안이 될 수는 없는 노릇이었다.

능력을 인정받으려면 일을 잘하는 것도 중요하지만, 그에 앞서 일할 기회를 얻는 것과 편견 없이 제대로 평가받는 것이 중요하다. 내겐 두 개의 선택지가 있었다. 순종적인 여직원이 되거나 되바라진 여직원이 되는 것. 믿거나 말거나, 본디 나의 성격은 매우 유순하다. 그런데 일에서만큼은 '나 이은의야'라는 허세를 버릴 수 없었다. 그 결과, 어느샌가 나는 되바라진 여직원이 되어 있었다. 해외영업 부서에서 일하던 내내 '일은 잘하는데 말을 안 듣는다'는 평가를 듣고 다녔는데, 나는 그 말이 좋았다. 그걸 통해서 나는 내 마음 안에 똑똑한 사람이고자 하는 욕망(?)이 있음을 알게 되었다. 더 정확히는, 똑똑해서 쓸데없이 순종적일 필요가 없는 사람이라는 '가오'를 욕망했다.

파란만장한 시기를 버티게 해준
허세와 가오

;　　회사, 그것도 삼성 같은 회사와 한바탕 전쟁을 벌인 것에도 이런 나의 욕망과 가오가 한몫했다. 직장 내 성희롱이 문제제기됐을 때, 회사는 이 문제를 원칙대로 처리하지 않았다. 그렇다고 막장 드라마처럼 굴지도 못했다. 입사 초기부터의 히스토리상, 나를 좋아하진 않아도 막장 타는 것은 주저할 만큼 나의 존재감을 의식했기 때문이다. 직장 내 성희롱 고지 후 새로 간 부서에서 생긴 불이익은 회사의 사주라기보다는 그 부서장의 영웅심과 회사의 관리감독 태만에서 비롯된 것이었다. 그래서 성희롱 고지 후 불이익에 대해 다시 문제제기를 했는데, 그때 내가 회사에 바란 것은 사실을 인정하고 진정성 있는 사과를 하는 것이었다. 애초에 회사랑 전면전을 할 계획도 없었거니와 엄두도 내지 못했다.

내가 전투에 임하게 된 것은 속된 말로 '열 받아서'였다. 나를 열 받게 한 것은 당시 나와 면담을 진행하던 인사부장의 '이은의가 무능하여' 드립이었다. 그는 회사를 대리하여 사실관계를 부정하면서 내게 생긴 피해가 내가 무능해서라고 이야기했다. 그러니 당연히 사과 같은 건 하지도 않았다. 뒤집어 생각해

보니, 회사가 뻔한 사실을 부인하고 당연한 사과에 인색한 이유가 나를 무능한 사람으로 판단했기 때문이라고 여겨졌다.

직장 내 성폭력의 1차, 2차 피해 결과 진급이 누락되고 심신이 너덜너덜해지긴 했지만, 직장생활 내내 자부해온 내 능력과 성과를 부정하는 것은 용납할 수 없었다. 이 일을 필두로 '1억이면 되냐, 2억이면 되냐'부터 엉뚱한 부서로의 전보 조치까지, 회사가 선택한 '무능한 사원' 버튼은 나를 예정에 없던 전투모드로 전환시켰다. 그렇게 시작된 전투에서 나는 내 가오를 지키느라 "내가 다 이기고, 이걸로 책도 쓰고, 잘 먹고 잘사는 꼴을 보여줄 테다"라고 끊임없이 떠들고 다녔다.

'쪽 팔리지' 않으려면 일단 이겨야 했다. 꼬빡 4년을 싸우면서 나는 스스로를 위한 홍보팀이자 법무팀이자 업무팀이었고, 회사 한복판에 혼자 깃발 나풀나풀 휘날리며 돌아다니는 1인 노조였다. 지금 하라고 해도 다시 할 수 있을 것 같지 않은 그 바쁘고 복잡했던 나날, 그런 나날을 보낼 수 있었던 것은 순전히 열 받아서였다. 떨어진 가오 때문에 열을 많이 받았고, 다행히 분노는 힘이 셌다. 덕분에 전투에서 살아남았고, 내가 죄다 이기고 책도 쓰고 잘 먹고 잘살겠노라던 아브라카다브라 같았던 주문은 예언이 되었다.

로스쿨에 진학하고 깐깐한 학과 과정을 쉼 없이 달려 운 좋게 한 번에 변호사 시험에 붙은 것도 크게 다르지 않았다. 아직 아무것도 확정되지 않았는데, 로스쿨 원서를 내던 날 뭐에 씐 듯 회사에 그만두겠다고 말하고 면접 시험 기간에 퇴사했다. 12월에 합격자 발표가 났는데 불합격이었다. 당시 라오스 루앙프라방에 있던 나는 결과를 확인한 후 야간버스를 타고 태국 치앙마이로 이동했다. 옆자리 현지 할머니가 토사물 묻은 손으로 귤과 바나나를 까서 연신 건네줄 만큼 버스에서 내내 훌쩍거렸다. 내 눈물의 이유는 막막해서가 아니었다. 당연히 바로 진학할 것처럼 잘난 척하며 멋지게 퇴사했는데 불합격이라니, 체면이 영 아니어서였다. 다행히 이후 가군, 나군 이동에 따라 추가합격자가 되었고 학교에 진학했다.

타지에서의 늦깎이 학교생활이 마냥 즐겁기만 했겠는가. 1학년은 흥미롭고 즐거웠지만, 2학년은 지루하고 무거웠으며, 3학년 땐 '츄리닝'과 삼선슬리퍼가 몸에 붙은 유니폼인 양 살았다. 그 기간 역시 나를 공부하게 하고 쓸데없는 타협을 고민하지 않게 해준 힘은 '내가 제일 잘나가'까지는 아니어도 '내가 명색이 이은의인데'라는 근거 모를 허세였다.

이렇게 나의 2030 시절은 내 안의 허세와 가오를 발견하며, 나라는 사람을 구축하고 나라는 사람의 지도를 그려온 과정이었다.

변호사가 된 초반부에 가장 인상적이었던 사건은 내 첫 직장의 상사가 의뢰해온 건이었다. 그는 억울한 저간의 사정으로 명예퇴직금을 받지 못하고 회사를 나온 상황이었다. 그 사건을 수임하기 위해 부산 사상터미널에 내려가 그분과 한적한 커피숍에 앉아 사건 설명을 들었다. 많이 당황스러워하는 그분에게 말했다. "이제 싸움은 제가 합니다. 그러니 뒤로 한 발짝 물러서시고 마음부터 치유하세요." 지금 여기 쓰면서도 이놈의 버리지 못하는 허세작렬에 내 손발이 오글거릴 지경이지만, 진심이었다.

돌아와서 몇 날 며칠에 걸쳐 회사에 보낼 무려 24장의 내용증명을 썼다. 회사 대표에게, 많은 이들이 회사를 떠나는 즈음이지만 취임을 축하한다고 포문을 열었다. 한 사람에게 30년이 넘게 다녀온 회사가 어떤 의미인지, 또 30년이 넘게 함께 고락을 나눠온 직원은 회사에 어떤 존재인지 돌아봐 달라고 읍소했다. 내용증명이기보다는 내가 10년 넘게 다녔던 직장이니만큼 직원 입장에서 쓴 진심 어린 호소문이었다. 동시에 병아리 변호사 입장에서 쓴 날 선 예비 보도자료였다. 그리고 싸움이 길어지고 치열해질 경우를 대비해서 눈알이 빠질 정도로 관련 판례들을 모으고, 판을 키워 확전을 하기 위한 설계와 준비에 들어갔다. 다행히 이후 회사가 좋은 방향으로 가닥을 잡아 사건이 조기에 잘 마무리됐다.

파란만장 좌충우돌 걸어온 2030 과정은 지나온 시절 내내 꽃밭이었노라 할 순 없겠지만, 40대 변호사로서 좀더 많은 기회를 갖도록 해주고 실전에서 발휘할 수 있는 역량을 키워주었다. 그리고 지금까지도 이어지는 삶의 과정에서 나를 나다운 모습으로 살아내도록 만든 8할은 내가 제법 유능하고 괜찮은 사람이라는 허세와 가오, 실은 그러고자 하는 욕망이었다.

겸손과 순응으로 포장된
비겁함을 경계한다

; 어릴 때부터, 그리고 학교에 다니는 내내 한국의 청년들은 사회적으로 겸손과 순응을 주입받으며 자란다. 특히 여성에게는 그것이 보다 더 강하게 요구된다. 겸손과 부드러움 자체가 문제일 리 없다. 문제는 '겸손'이 자기다움을 포기하고 다수의 입장에 서는 것으로 학습되고, 강자에게 약하고 약자에게 강한 것이 '순응'인 양 포장된다는 것이다. 그렇게 학교와 사회가 힘을 합쳐 기득권에 순응하고 겸손한 태도를 지닌 인재들을 육성한다. 문제는 비판과 내적 갈등 없이 주입받은 겸손과

순응은 그 사람을 더 능력 있게도 더 행복하게도 만들지 않는다는 것이다.

이 글을 쓰던 날 내게 찾아와 변호사의 덕목을 물었던 후배에게 내가 준 답은 제대로 싸울 준비가 되어 있는가를 끊임없이 자문하라는 것이었다. 어느 깊어가는 가을날, 지금은 돌아가신 스승이 내게 던져주셨던 '진실의 편린, 약자의 입장에 선다는 것의 의미, 불리하더라도 진실의 편에 서고자 하는 마음'은 법조인으로서 출발 전부터 가져야 할 사명감이었다. 지금까지도 가슴을 먹먹하게 하고 심장이 박동하게 하는 이 사명감은 사실 푸르도록 젊었던 날들에 나를 구성하고 지탱해준, 괜찮은 사람이고자 하는 '허세'나 영화 〈베테랑〉의 주인공 형사가 말하는 '가오'와 같은 말이다.

내 대답이 아직 연식 짧은 변호사가 할 수 있는 말인지 어떤지 모르겠지만, 법조인이 되고자 하는 사람들에겐 누군가를 위해 제대로 한 판 붙을 진정성과 능력, 담력이 필요하다는 의미였다. 아직 변호사가 되지 않은 계란이든, 병아리든, 아니면 중닭쯤 되든 그런 가오 잃지 않는 삶을 위해 자신을 담금질할 줄 알았으면 하는 바람이자 내 안의 다짐이다.

한국의 청년들은 사회적으로
겸손과 순응을 주입받으며 자란다.
특히 여성에게는 그것이 보다 더 강하게 요구된다.
겸손과 부드러움 자체가 문제일 리 없다.
문제는 '겸손'이 자기다움을 포기하고
다수의 입장에 서는 것으로 학습되고,
강자에게 약하고 약자에게 강한 것이 '순응'인 양
포장된다는 것이다.

TALK 21

살벌한 갑을관계에서 여자들이 살아남는 법

; 　인생을 살아가는 방법은 살아가는 사람의 숫자만큼이나 다양하다. 어떻게 사는 인생이 정답인지 콕 집어서 말할 수 없고, 우열을 가리기도 어렵다. 업무를 포함하여 각종 일도 그렇고, 사람 간의 관계도 마찬가지다. 두루두루 잘 지내는 것처럼 보이는 사람이 외로움을 느끼기도 하고, 건조한 인간관계 속에서 살다가 뭉클한 인간애를 느끼기도 한다. 그래서 인생을

예민해도 괜찮아

어떻게 살라는 둥, 사회생활을 잘하려면 어떻게 하라는 둥 하는 이야기는 하고 싶지 않다. 그저 기왕에 뭔가 쓰게 된 참에 내가 일을 하면서 느꼈던 '사람'에 대해서, 그 관계와 갈등에 대해서, 궁금함이나 불안함이 있을지도 모를 이들을 향해서 몇 마디 적어보기로 한다.

갑을관계가 주는
스트레스

; 종종 모르는 사람들로부터 문의 메일을 받는다. 80퍼센트는 사건 관련 상담이나 문의지만, 20퍼센트쯤은 로스쿨 지원자들의 문의다. 진로를 택할 때 변호사라는 직업이나 전망이 어떤지를 묻는 내용이 많다. 그중 항상 빠지지 않는 것이 '어디 로스쿨을 나왔다고 들었는데 학내 분위기가 어떤지?' 또는 '학내 분위기가 좋은 학교는 어딘지?' 같은 질문이다. 이런 질문은 아주 난감하다. 특정한 공간에 대한 개인적인 경험을 일반화할 수도 없겠지만, 분위기란 결국 그 공간을 채운 사람들이 함께 만들어내는 것이기 때문이다. 나와 생활했던 사람들이 이미 모두 졸업한 공간에 대해 분위기가 어떻다고 말해봐야 무슨 소

용이 있겠는가.

　나를 찾아 상담을 받으러 오는 사람들 대다수가 직장인이다. 그들 중 적지 않은 숫자가 힘희롱에 대한 고충을 토로한다. 학생들이 학내에서 겪는 어려움은 수평적 계급관계에 있는 동급생들로부터 일어나고, 소외나 폭력의 형태로 나타난다. 반면에 직장인들이 직장에서 겪는 어려움은 수직적 계급관계에 있는 상급자로 인해 일어나며, 왕따나 희롱의 형태로 나타난다. 언뜻 보면 다른 듯하다. 하지만 학내에서 겪는 어려움 역시 가해자들이 지식을 자본으로 하든 부모의 재력이나 옆에 거느린 친구 숫자를 자본으로 하든, 다수로 힘의 우위를 점함으로써 일어난다는 면에서 문제의 본질은 크게 다르지 않다.

　오늘날 공동생활에서 겪는 인간관계의 어려움은 사람 간의 문제가 아니라 힘의 문제이고, 갑을관계에서 을인 자로서의 고충일 확률이 높다. 쉽게 말해 학교에서든 회사에서든 나보다 약한 존재와 갈등이 생겼을 때는 생활에 큰 불편을 느끼지 않는다. 그래서 일반적인 친구관계와 달리 을의 입장일 때에는 갑으로 여겨지는 사람의 양보나 포용마저도 자존심 상하는 굴욕감이나 부당함으로 느껴지기 십상이다.

　이런 고충이 오랫동안 누적되면 사람과의 관계에 대한 두려움을 갖게 되고 스트레스를 받게 된다. 학교도 그렇고 직장도 그렇고, 공부를 해야 하고 일을 해야 하니 이 문제를 꼭 풀어야만 한다. 그렇지만 풀기가 쉽지 않다.

어려움의 실마리는
그래도 사람이다

; 여러 사람이 함께 공부하거나 일하는 공간에서 생활을 어렵고 힘들게 하는 것은 사람이지만, 일을 성사시키고 어려운 일을 풀어갈 실마리를 제공하는 것도 사람이다. 뻔한 이야기 같지만 불을 불로 끄고 실연의 상처를 새로운 연애로 치유한다는 말처럼, 사람의 문제는 사람으로 풀어야 한다.

직장생활이 몸에 익어가던 시절, 나는 한편으로는 힘들었지만 한편으로는 즐거웠다. 도를 넘어 무례한데 그걸 스스로 인지하지 못할 정도로 무식했던 상사 때문에 힘들었고, 함께 애환을 나누던 동료들과 제법 교감이 잘되던 시절이어서 즐거웠다. 그때 우리는 TV 맥주광고처럼 맥주잔을 들어 힘껏 건배를 하고 낄낄거리면서 서로의 어깨를 툭툭 두드려주며 동료애를 확인하곤 했다.

직장 내 성희롱을 고지한 후 나는 다른 부서로 옮겨가야 했는데 거기서는 왕따를 당했다. 수치스럽고 외로운 과정이었지만, 그 기간에 주변 부서 계약직 언니들한테 받았던 위로의 온도는 추운 겨울에 덧입은 털조끼처럼 따뜻했다. 그때가 나로서는 힘겨운 환란의 기간이었지만, 그간 주의를 기울이지 못했던, 회사에서 소외된 나이 든 여성의 문제, 비정규직의 문제들에 관심을 갖게 해주었다. 힘들었던 시간이 시야를 더 넓혀주고 성장의 밑거름이 된 것이다. 그건, 거기 힘든 몸을 잠시 기대어 갈 수 있는 다른 사람들이 있었기 때문이다.

회사랑 한창 싸우면서 혼자라는 체감에 두렵고 힘들 때가 종종 있었다. 하지만 그때도 여전히 나와 같이 밥을 먹고 차를 마시고 퇴근 후 시간을 함께 보내주는 동료들이, 뻔히 증거 자료로 쓰일 설문지에 답을 해주는 여직원들이, 해외공장에 근무하면서도 증언을 해준 파트너가 있었다. 싸우는 상황을 직간접적으로 브리핑하는 사내외 각 블로그에는 재미없는 글을 읽어주고 댓글로 응원하면서 감시와 견제의 눈이 돼준 무수한 이들이 있었다. 복잡한 이야기를 세심히 듣고 진정성 있게 엮어 기사를 써준 기자들이 있었고, 그들 상당수는 당장의 기삿거리가 없을 때에도 계속 관심을 가져주었다.

개발새발 엮어낸 초고를 찰떡같이 공감해준 출판사 편집자 덕분에 첫 책이 세상에 나오기도 했다. 흔들림이 있었을 것임에도 약자 편에서 손을 들어준 법조인도 있었다. 돈 받고 하는 일이 아닌데도 애정을 기울여준 활동가들이 있었고, 아무 이유 없이 그저 친구라는 이유만으로 지지하고 응원해준 사람들이 있었다. 나쁜 싸움의 실마리는 사람이었지만, 좋은 전쟁의 귀결도 사람이었다.

직장이 아니더라도 마찬가지다. 누군가와 즐겁게 오가던 시공간에서 지옥을 맛보는 일은 뜻밖의 상황에서 종종 발생한다. 누군가 나를 이유 없이 싫어해서 어려워지기도 하지만, 좋았던 관계가 나빠지면서 애증관계가 되기도 하고, 한발 더 나아가 그 관계와 상관없는 관계들까지 망쳐놓는 경우도 비일비재하다.

언젠가 남자 친구들 몇 명과 많이 친하게 지낼 때의 일이었다. 그 관계는 '놈놈놈과 비밀바구니' 같은 거였다. 한 놈은 다른 놈을 좋아하고, 그 사랑을 받는 놈은 그 사랑을 받아주기는커녕 누가 그걸 알기라도 할까 봐 가슴 졸이고, 제3의 녀석은 뭔지 모르겠는데 무거운 상황에 계속 화를 내는 형국이었다. 나는 그 세 남자가 속마음을 털어놓는 비밀바구니 같은 존재였다.

비밀을 나눈다는 것은 서로를 공고하게 만드는 고리가 되기도 하지만, 비밀을 나눠준 사람을 한껏 불안하게도 만든다. 가장 큰 비밀을 털어놓은 아이는 받아들여지지 않는 외사랑에 방황했고, 내게 과도하게 기대왔다. 외사랑의 대상인 아이는 기왕에 친해진 관계가 나빠질까 봐 두려워했다. 그래서 아무것도 모르는 것으로 해달라고 내게 부탁했고, 나는 그렇게 했다. 하지만 힘들어했고, 아무것도 모르는 것으로 하기로 했으니 고민을 나눌 사람이 없었다. 내게 토로하거나, 괜한 시비를 걸거나, 울었다. 진짜로 아무것도 모르는 다른 아이는 내가 두 아이와 삼각관계에서 밀당을 한다고 생각했다. 짜증을 내는 날이 늘었고, 관계가 나빠지는 원인이나 해결의 열쇠가 내게 있다고 여겼다.

상황이 나빠지니 공부를 할 수 없었고, 현재를 살 수가 없었다. 조금 거리를 두려 했지만 이미 너무 가까워진 사이였던 탓에 오히려 부작용이 생겼다. 비밀을 공유하지 않은 아이들은 나를 외면하는 방식으로 나를 길들이려 했다. 그런 방식의 집단 폭력성에 상처받은 경험이 있던 나는 실망이 컸다. 아이들이 왜 그러는지 알았지만, 내 경험과 상처를 긴밀히 나눴다고 믿고 마음을 주었던 만큼 절망도 크게 느껴졌다.

그렇게 애증이 쌓여가던 어느 날 나는 비밀바구니만 떠안고 관계를 놓았다. 애정이 애증이 되니 영문을 모르는 누군가가 맹렬히 비난하고 나섰다. 졸지에 비난을 받는 입장에 섰지만 그냥 있는 수밖에 없었다. 쑤군거림이 싫다고 같이 떠들면 '아웃팅'이 될 테니 해명을 할 수도 없었고 해서도 안 됐다.

이런 상황은 학과나 동아리에서 캠퍼스 커플로 지내다가 깨진 경우에도 어렵지 않게 볼 수 있다. 상대방이 나를 비난하지 않아도 주위에서 말이 많으면 시선이나 말에 밀려 힘들어진다. 이런 경험은 꼭 나만이 아니더라도 많은 사람이 공유하는 기억들이다.

그럼에도 우리가 이런 시간 그런 공간들을 잘 버텨냈다면, 거기엔 "어디 가니? 밥은 먹었니?"라고 먼저 물어봐 주던 누군가가 함께 있었기 때문이다.

교수는 아니어도 강사는 할 나이에 로스쿨에 진학한 후, 앞서 얘기한 일명 '보톡스' 드립 사건을 겪었다. 당시 체감한 시선은 실제 살갗이 따갑게 느껴질 정도로 아팠다. 진짜 마녀라서 빗자루를 타고 다닐 재주가 있는 것도 아니었으니 지상에서 고스란히 감내해야 했다. 그래도 묵묵히 옆자리를 지켜준 룸메이트가 있었고, 남몰래 문자나 쪽지로 응원 메시지를 전해오는 동기생들이 있었다. 자기 공부 바쁜 와중에 전면에 나서서 장문의 소명글을 올려주던 후배 학생회장이 있었고, 겉으로는 타박하면서도 대포로 파리 잡는다며 혀를 끌끌 차던 스승님도 계셨다.

나와 너무 다름이 나를 펄펄 뛰게 할 때, 또 다른 다름이 내 손을 가만히 잡아 진정시켜주는 날들이었다. 그런 시간과 사람이 합쳐진 학창 시절을 뒤로하고 학교를 떠나던 날, 다니는 내내 늘 타지 같았던 학교는 헤어지기 아쉬워하는 정인의 얼굴을 하고 있었다.

모두에게 좋은 사람으로
살기는 어렵다

; 옛날옛날에 같은 긴 이야기를 이렇게 늘어놓는 이유가 '그러니 참으라'든가 '사람을 너무 미워하지 말라'든가 '그럼에도 두루두루 잘 지내야 한다'든가 하는 이야기를 하려 함은 아니다.

오히려 내가 하고 싶은 말은 참지 말아야 할 것을 참아서는 안 되고, 모두를 미워할 수 없듯이 모두를 좋아할 수도 없는 노릇이라는 것이다. 그러니 꼭 모두와 잘 지내야 한다는 강박관념을 버리라는 쪽에 가깝다. 물론 어려움을 헤쳐나가도록 만드는 실마리나 어려운 일을 성사시키는 고리들은 사람에게서 나온다. 그런데 '그런 사람'이나 '그런 관계'는 그저 모두와 외관상 별 마찰 없이 지낸다고 형성되는 것이 아니다.

아닌 것을 아니라고 말하는 과정이 당장은 힘든 상황을 만들더라도, 마침내는 그 과정의 진정성이 통하는 순간이나 지점을 만나게 된다. 조금 시간이 걸리더라도 그런 순간과 지점을 만나도록 조력하는 사람들이 있기 마련이다. 그러니 모두와 잘 지내야 한다는 강박관념으로 침묵하거나 다수에 동조하지 않기를 바란다. 그것들이 미덕인 양 내리닫는 건 사람을 얻는 방법이나 더 나은 결과를 얻는 선택이 아니다. 그 공간이 직장이든 학교든 통할 사람과는 통하게 되어 있고 해명할 필요가 없는 일들은 해명하지 않아도 인생에 큰일 나지 않는다. 정작 두려워해야 할 것은 내가 가는 길에 진정성이 있느냐다. 그리고 소중한 사람들을 귀하게 대할 자세가 되어 있느냐다.

사람으로 인해 헝클어진 일들을 당장 풀겠다고 조급히 굴지 말고, 모두에게 좋은 사람이어야 한다는 생각을 버릴 필요가 있다. 넘기 어려워 사람이 필요한 일이든 성사하기 어려워서 사람이 필요한 일이든, 필요한 그 사람을 만드는 것은 진정성과 여유 그리고 내가 그 사람에게 가진 애정이다.

오빠들에게 보호받으려 하지 말고
여자들끼리 손잡자

;   학교생활이나 직장생활이 어렵게 느껴지는 때는 공부나 일 자체가 어려워서이기보다는 사람과의 관계가 문제 되어서인 경우가 많다. 그런데 그나마 비교적 성별 비율이 비슷한 학교와 달리, 조직 전체나 부서 또는 동일한 지위에서 뚜렷하게 다른 성비 구조를 가진 직장에서는 소수자로서 겪는 어려움이 더 생긴다. 직장 내에서 여성이 상대적으로 소수인 경우에도 그렇고, 높은 직급으로 갈수록 여성이 소수가 되는 조직에서도 그러하다. 극단적인 예로 여직원을 중심으로 생산라인을 돌리는 회사에서 일반사무직의 관리직급에 여성이 절대적으로 적은 경우도 많다. 이때는 회사 전체에서 여성의 숫자가 절대적으로 많다 하더라도 여성은 소수자일 수밖에 없다.

사회에서는 통상 이를 뭉뚱그려 남녀 문제라고 이야기한다. 실제 조직들을 보면 특정 성별이 의사결정 계층에 편중되어 있다. 그러니 여성의 숫자가 적은 것이든 의사결정권자 계층에 여성의 숫자가 적은 것이든 조직의 하단부에 있는 사람들이 갖는 소통의 어려움은 남녀 문제가 아니라 소수자 문제라고 봐야 한다. 여성으로서 사회생활을 한다는 것은, 나이가 들고 조직 안에서 지위가 올라갈수록 내가 소수자임을 깨닫는 과정이기도 하다.

특히나 사회 초년생이라면 '오빠'들에게 보호받겠다는 생각은 빨리 버려야 한다. 사회에서 만나는 남자들은 더 이상 리포트를 도와주고 공부를 같이 해주는 존재가 아니다. 그들은 함께 일하고 함께 경쟁해야 하는 상대다. 그래서 그들을 동료라 부른다. 그들에게 과도한 요구를 하는 것은 그 자체로 난센스다. 동료는 말 그대로 동등한 관계다. 궁극적으로 상생하는 관계가 되려면 스스로 능력을 키워서 내가 더 도움을 주는 입장이 돼야 한다. 그들이 살짝 재수 없어 할 정도로, 그러면서도 당신과 사이좋게 지내고 싶어 할 정도로 말이다.

조직 안에서 남자들은 경쟁자가 아닌 여자들에게는 친절하다. 하지만 경쟁자가 되는 여자들과는 정보를 잘 공유하지 않는다. 적대적이라는 표현만으로는 설명할 수 없는 것이, 어쩌면 경쟁자가 되지도 않을 것이라는 모순된 감정도 깔려 있기 때문이다. 경쟁을 하더라도, 비슷하게 나아갈 것이라는 믿음이 있어야 끼워줄 어떤 리그에 여성이 존재할 수 있다는 걸 상상도 하지 않는다. 그것을 비난할 게 아니라 이해해야 한다. '그들이 나쁘다'라고 전제하면 해답을 찾기가 어려워진다. 그들이 오랫동안 잘못 배운 결과이고 쉽게 고치지 못할 태도임을 인지

하고, 그에 상응하는 전략을 세우고 운용해야 한다.

　이러한 조직에서 여성은 자신이 상대방에게 필요한 경쟁자이자 현재의 횡적인 거리에서 계속 함께 나아가게 될 조직원임을 각인시키려고 노력해야 한다. 연애만큼이나 섬세한 밀당을, 아니 연애에선 하지 않아도 될 밀당조차 여기에선 해야 한다.

　그런데 그보다 훨씬 중요한 것은 여성 간의 연대다. 소수자로서 겪을 수밖에 없는 차별과 차등의 문제는 구조적 흠결의 문제다. 나 정도면 각개전투로 풀어나갈 수 있다는 발상은 위험하고 무모하다. 연대는 어떻게 하느냐고? 연대가 별건가, 밥 한 끼 같이 나누며 진솔하게 각자의 이야기를 하는 것도 연대다. 무엇이든 혼자 풀기보다는 같이 푸는 것이 빠르고 쉽다. 풀어야 할 과제를 받아들고서야 연대를 외치기보다 평소에 일상의 작은 연대들을 시작하는 것이 중요하다.

모두와 잘 지내야 한다는 강박관념으로
침묵하거나 다수에 동조하지 않기를 바란다.
그것들이 미덕인 양 내리닫는 건
사람을 얻는 방법이나
더 나은 결과를 얻는 선택이 아니다.
정작 두려워해야 할 것은
내가 가는 길에 진정성이 있느냐다.
그리고 소중한 사람들을 귀하게 대할
자세가 되어 있느냐다.

EPILOGUE

피해자 편에 서는

변호사로

산다는 것

불금. 남들이야 한 주의 피로를 풀겠다고 불빛 찬란한 거리로 쏟아져 나가는 모양이지만, 나는 당연한 듯 야근을 하고 있었다. 꽤 늦은 시간이었는데, 사건을 진행 중인 경찰서의 여성청소년과 담당 수사관한테서 전화가 왔다. 평소 수사에 적극적이고 상냥한 분이었는데, 이날만큼은 인사를 건네는 목소리에서부터 짜증과 허허로움이 묻어났다.

얼마 전 모 경찰서에 고소장을 접수했다. 회식 후 만취 상태에서 직장 상사에게 준강간을 당한 피해자의 사건이었다. 고소장을 접수한 경찰서는 범행 장소나 가해자의 주소지가 아니었다. 피해자가 직장과 집에서 가까운 거리에 있는 경찰서를 가는 것조차 부담스러워해, 멀찍이 떨어진 다른 관할 경찰서에 접수한 것이다. 피해자는 그곳에 가서 두 시간 넘게 조사를 받았는데 그때 나도 동석했다. 피해자로서는 조사받는 과정이 유쾌할 리 없다. 강도나 교통사고도 아니고, 여자로서 다시 떠올리기도 싫은 장면을 남에게 설명해야 하기 때문이다. 하지만 젊은 남성인 담당 수사관이 피해자의 얘기에 잘 공감해주고 꼼꼼하게 챙겨준 덕분에 신뢰감을 갖고 조사에 응할 수 있었다.

그런 그가 내게 전화를 한 이유는 그 사건이 원래의 관할 경찰서로 이송된다는 소식을 전하기 위해서였다. 피해자 조사까지 마친 상황이었는데 가해자가 관할을 이송해달라고 강력하게 요청했다는 것이다. 게다가 가해자가 성폭력 가해자 변호를 전문으로 하는 변호사를 선임했다는 소식도 함께 전해졌다.

피해자가 고소를 하기 전, 가해자는 3,000만 원을 줄 테니 합의해달라고 했다고 한다. 그런데 응해주지 않자 곧바로 변호사를 선임했고, 이후 가해자 변호사가 피해자에게 합의금 액수를 타진하는 전화를 걸어왔다. 제대로 된 사과는 하지도 않은 채 돈으로 '퉁치려는' 시도만 계속한 것이다. 어처구니가 없다고 느낀 피해자는 고소를 진행했다.

나는 피해자에게 이송 소식을 전했다. 피해자는 가해자의 이런 대응에 당혹스러워했다. "그냥 합의하고 치웠어야 했나…"라며 한숨 섞인 후회를 살짝 내비치기도 했다. 피해자가 이렇게 한발 물러나는 모습을 보이면, '결국 돈 받고 싶었던 것 아니야?'라고 생각하는 사람도 있을지 모른다. 그런데 피해자가 어떤 심정일지를 헤아려본다면 그런 넘겨짚기는 하기 힘들 것이다. 이 사건 가해자는 범행 이후에도 사과는커녕 오히려 더 노골적인 강제추행을 일삼아왔다. 그런 가해자가 이번엔 가해자 전문 변호사를 선임했고, 집과 직장 인근 경찰서에서 수사가 이루어진다니 피해자 입장에서는 엄청난 부담을 느낄 수밖에 없을 터였다.

괜찮은 삶을 살아가고 있다는 뿌듯함

피해자와 전화를 끊고 가해자가 선임했다는 변호사의 이력을 조회해보았다. 가해자가 선임한 변호사는 성폭력 피고인이나 피의자 변호를 전문으로 하는 이였다(피고인과 피의자는 검찰이 기소를 했는가 아닌가로 구분된다). 내친김에 인터넷 검색창에 이런저런 연관검색어를 입력하고 조회를 해보았다. 가해자나 억울하게 가해자로 몰린 사람들에게 팁을 제시하는 카페와 블로그의 글들이 의외로 많았고, 책들도 눈에 들어왔다. 증거부족으로 불기소 처분을 받거나 형량을 줄일 수 있도록 하는 팁들이었다.

나도 모르게 한숨이 났다. 물론 잘못을 저질렀다 하더라도 그 역시 최선을 다해 스스로를 변호할 권리가 있다. 당연히 누군가는 그런 사람들을 위해 변론해야 하는 것도 사실이다. 더

욱이 접수된 성폭력 신고에서 간간이 무고가 존재하기도 하고 말이다. 그러니 억울하게 가해자로 몰릴 상황에 처한 사람들을 위한 조언도 필요하다. 다만 현실에서는 그런 사람들보다 실제로 범행을 저지른 뻔뻔한 가해자들이 이런 정보를 적극적으로 찾아 유용하게 쓴다는 데 문제가 있다. 그 결과 보통 사람이 보기엔 당황스러울 정도로 가벼운 처벌을 받기도 한다.

주변에선 종종 내게 가해자 변호를 하면 지금 버는 돈의 최소 세 배는 더 벌 텐데 고생도 사서 한다고 우스갯소리 비슷하게 말하곤 한다. 죄를 묻고자 하는 입장도 절박하지만, 형사고소를 당하거나 손해배상을 청구받은 입장은 더 그럴 수밖에 없다. 죄를 묻는 입장은 이미 발생한 손해가 전제된 상황에서 법적인 인정과 소명을 얻고자 하는 입장이지만, 가해자는 인신적으로든 경제적으로든 책임을 부담할 걱정 속에 방어를 해야 하는 입장이기 때문이다. 그러니 착수금이든 성공보수든 손해를 보고 싶지 않은 사람이 더 지불할 수밖에 없고, 가격을 산정해 제시하는 입장에서도 거리낄 것이 없다.

피해자 입장에서 민·형사소송을 진행하는 일은 가해자를 변호하는 일보다 고되다. 법 구조상 고소한 피해자 측에서 범죄 사실을 입증해야 하니 해야 할 일이 더 많을 뿐 아니라 그 입증도 쉽지 않다. 피해자에게 감정이입을 하면서 함께 휘청거리는 일도 피할 수 없다. 다툼이 종료되었을 때를 보더라도 가해자는 스스로 저지른 죄가 있으니 잘되면 고마워하고 안 풀려도 변호사 탓이 적다. 반대로 피해자 입장에서는 받은 피해가 있으니 잘되면 기쁘더라도 당연한 일이고, 원하는 결과가 나오지 않으면 법적 절차나 수사기관, 판사, 법 현실에 대한 원망을 변호사에게 쏟아내게 된다. 결국에는 함께 안타까워하며 다독이지만, 그 순간들마다 맞닥뜨리는 감정소모가 적지 않다.

그러면서도 수입은 훨씬 적다. 출판이나 강의도 피해자를 위한 내용보다 가해자를 위한 팁을 줄 때 더 많이 팔리고 인기 있으며, 결과적으로 일을 따내는 데도 훨씬 도움이 된다.

그럼에도 나는 지금의 내 위치가 기쁘고 감사하다. 아직 젊고 먹고사는 데 별 지장이 없으니 이왕이면 원하는 일을 하며 살고 싶다. 상처 입고 힘들어하는 피해자 입장에서 함께 문제를 해결해나가는 일은 고되지만 훨씬 기쁘고 보람 있다.

모든 사건이 피해자나 내가 원하는 방향으로 흘러가는 것은 아니다. 하지만 최선을 다해 피해자를 다독이며 엉킨 실타래를 풀어나가다 보면, 제법 괜찮은 삶을 살아가고 있다는 뿌듯함과 뭉클함이 밀려온다. 덕분에 지난 1년 동안, 패기 절정의 2030 시절에나 외치던 "나 이은의야"를 다시 떠들 수 있었다.

진실의 편린을 쥔 소수의 입장을 생각하며

　로스쿨 1학년 말에 나는 삼성 입사 시절부터 퇴사하기까지의 과정을 담아 책을 한 권 냈고, 당시 내가 수업을 듣던 교수님 몇 분께 드렸다. 그 책에는 사랑스러운 모습도 있지만 제멋대로 대책 없는 모습도 있고, 정의로운 나도 있지만 찌질한 나도 들어 있었다. '책을 낸다는 것은 여자가 옷을 벗고 대로를 걷는 것과 같다'던 방송작가교육원 시절 선생님의 말씀이 수시로 떠올랐다.

　책을 드릴 때보다 이후 수업에 들어갈 때 뭔가 더 민망하고 부끄러웠다. "이은의 유전자에 자뻑은 있어도 겸손은 없다"고 절친이 말한 적이 있는데 꼭 그렇지도 않았다. 수줍음에 겸손에 부끄러움이 잔뜩 버무려져서 책을 읽었을 스승께서 나를 어떤 시선으로 볼지가 궁금하면서도 부담스러웠다.

　바로 그 주에 내가 다니던 로스쿨에 신정아 씨가 강연자로 초청됐다. 그녀 역시 책을 출간한 직후였는데, 초청한 교수님을 제외하면 교수님 대부분이 신정아 씨의 강연을 반기지 않았다. 그녀가 세간에 회자되고 사법처벌을 받은 일련의 사안들이 그녀가 그즈음 낸 책 내용과 더불어 사람들에게 반감을 불러일으킬 수 있으리라는 건 충분히 예견된 일이었다. 학교에

묘한 긴장감이 돌았고 학생들의 호기심은 갈수록 커진 채 수업 당일이 되었다. 그날 수업은 판사 출신 교수님이 하시는 법문서 작성 과목이었다. 사전의 묘한 긴장감이 무색하게도, 수업은 무난히 끝났다.

짐을 챙기는데, 교수님께서 나가시려다가 발걸음을 멈추고 돌아보며 "고생 많았네"라며 말을 건네셨다. 순간 뭉클하고 감사하면서도 부끄럼과 멋쩍음이 다시 발동했다. 대꾸할 멋진 말을 찾고 싶었으나 생각이 나지 않았다. "아, 네…" 하고 말끝을 흐리다 얼결에 말이 나왔다. "교수님께선 신정아 씨가 우리 로스쿨에서 특강하는 걸 어떻게 생각하세요?" 교수님은 걸음을 돌려 다시 강단 의자에 와서 앉으셨다. 그리고 되물으셨다. "자넨 어떻게 생각하나?"

어떻게 생각하긴 뭘 어떻게 생각하나. 사실 나는 그 문제에 대해 별생각이 없었다. 애초부터 내 질문에는 교수님께 좀 생각 있는 학생처럼 보이고 싶다는 허세가 묻어 있었다. 내 책과 비슷한 시기에 나온 그녀의 책이 대형 서점의 베스트셀러 코너에 걸려 있는 것을 보면서 괜히 빈정이 상한 탓도 있었다. 고백건대 속으로는 사회에서 도덕적으로 비난받는 그녀와 나는 다른 사람이라는 강한 거부감이 있었다.

다행히 교수님께선 대답을 재촉하는 대신 "자네는 이해하겠네만…"이라고 말문을 여셨다. 신정아라는 사람이나 그녀의 사건에 대하여 크게 생각해본 적 없이 단순한 거부감만 가지고 있던 터라 순간 "제가요?"라고 할 뻔했지만, 그걸 들키고 싶지 않아 얼른 말을 삼켰다. 교수님께서는 그녀의 행동이 옳고 그르고를 떠나 형사법정에서 유죄를 선고받고 복역까지 했으니 당사자로서 억울하다고 느끼는 부분이 있을 수 있고, 그렇다면 그 얘길 들어볼 필요는 있지 않겠느냐고 하셨다. 그러면서 온화한 미소와 함께 말씀을 이으셨다.

"진실의 편린은 약자나 소수의 편에서 쥐고 있을 확률이 높지. 자네는 그런 입장에서 싸워봤으니 알지 않을까 싶네. 다수의 입장에 서면 사는 게 쉬워지지. 다수나 강자의 입장에 선다는 것은 유리해지는 거니까 말일세. 하지만 법을 하는 사람은, 특히나 아직은 공부를 하는 과정에서나마, 유리하지 않더라도 진실의 편린을 바라봐줄 수 있어야 하지 않겠나."

그 순간 나는 머리를 한 대 세게 맞은 듯했다. 이날 교수님의 말씀은 이후 학교생활을 확 때려치우고 싶을 정도로 흔들릴 때마다 나를 붙들어주는 닻이 되었다. 교수님은 내가 졸업하던 해 봄에 암으로 돌아가셨다. 하지만 그분과 그분의 말씀은 내가 이후 변호사로 살아가며 여러 유혹과 회의에 마주칠 때에도 하나의 나침반이 되었다. 유리하게 사는 것보다 자부심 있게 사는 길을 가리키는 화살표이자, 유리하지는 않아도 잘 먹고 잘살 수 있는 삶으로 이끄는 이정표였다.

피해자를 대리하는 변호사로 사는 것은 가해자 전문 변호사로 사는 것보다 더 많은 감정노동과 더 적은 대가를 전제로 한다. '나에게 유리한 삶'을 살 것인가, 아니면 '모두에게 유익한 삶'을 살 것인가. 그 사이에서 나는 유익한 삶을 택했고, 자괴감 대신 보람을 느끼며 잘 먹고 잘사는 중이다.

유리함 대신 유익함을 택한다고 해서
인생이 크게 달라지진 않는다

다행히도 서두에 언급한 성폭행 사건은 처음의 우려와 달리 기소되는 데 큰 문제가 없을 전망이다. 물증이 다소 부족하고 사건 발생 후 시일이 많이 흘렀지만, 가해자가 이후에도 강제추행을 지속했고 동료 직원들 증언 덕분에 증거가 확충되었기 때문이다.

이런 경우는 피해자가 운이 좋은 편에 속한다. 대개는 증인이 없거나 있는 증인마저도 증언하길 꺼린다. 그래서 피해자가 자신이 당한 일이 범죄이고 피해임을 가해자로부터, 주변인으로부터, 사회로부터 인정받고자 하는 순간부터 주변 사람들에게 상처를 받는 일이 허다하다.

현실에서 사람들은 성폭력 사건의 가해자나 피해자가 될 확률보다는 목격자나 주변인이 될 확률이 높다. 그리고 이런 일이 불거질 때면 목격한 사실의 부당함이나 피해자의 입장보다는, 증언을 하거나 피해자 편에 섬으로써 자신이 불리해지고 불편해질 일을 고민하게 될 것이다. 언뜻 보면 세상이 바뀌는 건 용감한 피해자들 덕인 것 같다. 하지만 실상은 그렇지 않다. 내가 몸담은 환경과 세상을 조금씩 좋게 바꿔나가는 것은 피해자의 용기나 가해자의 반성이 아니라 수많은 제삼자의 선택이다. 그들이 유리함보다 유익함을 선택하고 피해자를 지지할 때 세상은 좀더 나아진다.

그리고 다수의 행동이 옳지 않다고 생각될 때, 내가 "노"라고 말한다고 해서 내 인생에 큰일이 나는 것도 아니다. 아닌 건 아니라고 말할 수 있을 때, 유리한 쪽보다 유익한 쪽에 설 때 내 인생도 더 단단하게 다져진다. 그것이 나를 잘 지키는 일이며, 그런 만큼 내 주변에 더 나은 사람들이 모인다. 진입 장벽이 점점 높아지는 사회에서 자꾸만 타협을, 순응을 요구받는 청춘들에게 나는 말해주고 싶다. 그런 건 다 다수가 만들어낸 근거 없는 '뻥'이라고.

"진실의 편린은 약자나 소수의 편에서
쥐고 있을 확률이 높지.
자네는 그런 입장에서 싸워봤으니 알지 않을까 싶네.
다수의 입장에 서면 사는 게 쉬워지지.
다수나 강자의 입장에 선다는 것은 유리해지는 거니까.
하지만 법을 하는 사람은 유리하지 않더라도
진실의 편린을 바라봐줄 수 있어야 하지 않겠나."

예민해도 괜찮아

1판 1쇄 펴냄 2016년 1월 20일
1판 8쇄 펴냄 2021년 10월 21일

지은이 이은의
펴낸이 김정호
펴낸곳 북스코프

책임편집 김진형
교정 공순례
마케팅 나영균
디자인 손현주, 정보환
사진 이과용 leekw28@daum.net
제작 박정은

출판등록 2006년 11월 22일(제406-2006-000184호)
주소 10881 경기도 파주시 회동길 445-3 2층
전화 031-955-9515(편집) 031-955-9514(주문)
팩스 031-955-9519
전자우편 editor@acanet.co.kr
홈페이지 www.acanet.co.kr
페이스북 www.facebook.com/bookscope

ⓒ 이은의, 2016

ISBN 978-89-97296-58-3 03810

이 도서의 국립중앙도서관 출판예정도서목록(CIP)은 서지정보유통지원시스템 홈페이지(http://seoji.nl.go.kr)와 국가자료공동목록시스템(http://www.nl.go.kr/kolisnet)에서 이용하실 수 있습니다. (CIP제어번호 : CIP2015034987)

- 북스코프는 아카넷의 대중교양 브랜드입니다.
- 책값은 뒤표지에 있습니다.
- 잘못 만들어진 책은 구입하신 곳에서 교환해 드립니다.